Wandern
auf den
Azoren

Tonia Körner

W0171732

Inhalt

Ilha de São Miguel

Ilha de Santa Maria

Ilha Terceira

Ilha Graciosa

Ilha de São Jorge

Ilha do Faial

Ilha do Pico

Bitte schreiben Sie uns, wenn sich etwas geändert hat!
Alle in diesem Buch enthaltenen Angaben wurden von der Autorin nach
bestem Wissen erstellt und von ihr und dem Verlag mit größtmöglicher
Sorgfalt überprüft. Gleichwohl sind – wie wir im Sinne des Produkthaf-
tungsrechts betonen müssen – inhaltliche Fehler nicht vollständig auszu-
schließen. Daher erfolgen die Angaben ohne jegliche Verpflichtung oder
Garantie des Verlages oder der Autorin. Beide übernehmen keinerlei Ver-
antwortung und Haftung für etwaige inhaltliche Unstimmigkeiten. Wir bit-
ten dafür um Verständnis und werden Korrekturhinweise gerne aufgreifen:
DuMont Reiseverlag, Postfach 10 10 45, 50450 Köln
E-Mail: info@dumontreise.de

Wandern auf den Azoren

Wandersaison

Die beste Wanderzeit für die Azoren sind die Monate Mai bis Mitte Juli, wenn das Wetter stabiler wird. Am schweißtreibendsten gestalten sich Touren von Mitte Juli bis September. Dann empfiehlt es sich, frühmorgens oder erst am Nachmittag aufzubrechen. Trotzdem ist das ganze Jahr über mit Regen zu rechnen. In den Bergen erschwert häufig dichter Nebel die Orientierung. Im Winter wird es zwar nicht richtig kalt, dafür toben nicht selten heftige Stürme.

Gehzeiten

Alle aufgeführten Zeiten verstehen sich als reine Gehzeiten. Rechnen Sie bei der Planung einer Tour sicherheitshalber noch etwa ein Fünftel bis ein Viertel der Zeit für Pausen hinzu. Auch die Orientierung, die rasanten Wetterwechsel, angeschwollene Bäche, vom Regen rutschige und überschwemmte Wege oder zugewachsene Pfade können die Wanderzeit erheblich verlängern.

Anspruch

In der Rubrik ›Die Wanderung in Kürze‹ wird jeweils darauf hingewiesen, ob es sich bei der Wanderung um eine einfache (+), eine mittelschwere (++) oder eine anspruchsvolle (+++) Tour handelt.

Ausrüstung

Unentbehrlich für eine Wanderung auf den Azoren sind stabile, möglichst wasserdichte Wanderstiefel mit einer guten Profilsohle. Diese sollten sowohl der scharfkantigen Lava standhalten als auch auf den bei Regen manchmal rutschigen Wegen guten Halt bieten. Teleskopstöcke erweisen sich als sehr nützlich. Weiterhin darf Regen- und Verbandszeug nicht im Gepäck fehlen. Für Touren in den Bergen empfiehlt sich ein wärmender Pullover. Selbst im Hochsommer kann es dort bei schlechtem Wetter recht kühl werden. Außerdem sollten Sie auf keinen Fall Sonnencreme (mindestens Faktor 15), -brille und -hut vergessen. Die verstärkte Sonneneinstrahlung durch das nahe Meer und die schwarze Lava sind keineswegs zu unterschätzen. Da es nur wenig Einkehrmöglichkeiten unterwegs gibt, sollten Sie bei längeren Wanderungen Proviant und vor allem ausreichend Getränke einpacken. Von der Benutzung des Wassers der fließenden Gewässer oder der Quellen als Trinkwasser ist aufgrund der starken Viehhaltung abzuraten. Nur Wasser trinken, das auch als Trinkwasser gekennzeichnet ist.

Wege und Markierungen

In den letzten Jahren wurden verschiedene Wanderwege ausgeschildert und neue angelegt. Dazu sind vor Ort im Touristenbüro Broschüren mit einer Kurzbeschreibung erhältlich. Dennoch sind die Wege häufig nicht klar ersichtlich, insbesondere bei Nebel. Viele Wanderwege sind noch gar nicht markiert. Wegweiser gibt es nur selten. Probleme bei der Orientierung bereitet auch die rasante Veränderung des Straßennetzes. Viele alte Wege gibt es nicht mehr. Neue Wege fehlen auf den Karten.

Wanderkarten

Am besten eignen sich zum Wandern noch die topographischen Karten des Instituto Geografico e Cadastral Portugal der Serie M 7811, Maßstab 1:50 000. Sie sind auf den Azoren kaum erhältlich, können aber über den deutschen Buchhandel bezogen werden. Leider sind auch diese in den 70er Jahren entstanden Karten zum Teil ziemlich überholt.

Transport

Sämtliche Busse verkehren nur entlang der Küste und starten bzw. enden in den Hauptorten. Aktuelle Fahrpläne sind in den Touristenbüros erhältlich. Mietwagen sind teuer und in der Hochsaison im Voraus zu bestellen. Taxis sind meist billiger als ein Mietwagen und holen einen nach vereinbarter Zeit am Ende der Tour wieder ab. Beim Trampen werden Sie in der Regel sofort mitgenommen, d. h. sofern ein Auto vorbeikommt. Unter der Rubrik ›Anfahrt‹ wird bei den Wandertouren die praktischste Kombination angegeben.

SYMBOLE IN DEN KARTEN

⌂ Gasthaus	✿ Mühle
⛨ Schutzhütte, Unterstand (unbewirtschaftet)	Rastplatz
Kirche	Höhle
Kapelle	Wasserfall
Burg, Schloss	○ Quelle
Burgruine	Schiffsanlegestelle
Denkmal, Monument	Schwimmbad
	Sendemast

Blaue und grüne Inseln

Wie grüne Perlen an einer Schnur reihen sich die neun Inseln in der endlosen Weite des Atlantischen Ozeans aneinander. Smaragdgrüne Weiden, dunkelgrüne Wälder oder das bläuliche Grün der Moose und Flechten – das Grün der reichen Pflanzenwelt schillert in allen Nuancen. Und überall – in Gärten, im Straßengraben, am Feldrand oder auf Felsen – setzen üppige Blumenteppiche prächtige Farbtupfer. Von den rund 780 Pflanzenarten auf den Azoren, davon 56 endemisch, fällt

ganz besonders eine auf: die Hortensie. Kilometerlange, riesige blau-weiße Hecken säumen die Wege und Felder und verwandeln die Berghänge in blaugrüne Patchworkdecken. Aber keine Insel kann sich so reicher Hortensienhecken rühmen wie Faial. ›Ilha Azul‹ wird sie daher auch stolz im Volksmund genannt – die blaue Insel. So taufte sie der portugiesische Schriftsteller Raul Brandão um 1900. In der Zeit von Mitte Juni bis Anfang September erweist sie ihrem Na-

Erste lebende Pflanzen dieses uralten ostasiatischen Blumenadels gelangten 1799 aus Japan nach London in die berühmten Kew Gardens. Von dort starteten sie einen triumphalen Einzug in die Gärten Europas. Die Azoren boten ihnen ideale Lebensmöglichkeiten, fruchtbaren vulkanischen Boden und die reichlich benötigte Feuchtigkeit. So verbreiteten sie sich dort in grandioser Blütenpracht, jedoch nicht immer zur Freude der Inselbewohner. Werden die schier endlosen, dichten Hecken nicht regelmäßig geschnitten, überwuchern sie bei dem feuchtwarmen Klima in Rekordzeit alles. Irgendwo steht deswegen stets jemand mit einer tragbaren Motorsense und bearbeitet in aller Seelenruhe die undurchdringlichen Büsche. Hydrangea lautet ihr lateinischer Name und geht zurück auf das griechische Wort hydor für Wasser. Auf deutsch bedeutet er ›die Wasserschlürferin‹. Auf dem Archipel bekam sie den bildhaften Namen Novelos (dt. Knäuel). Um die Herkunft der deutschen Bezeichnung Hortensie ranken sich verschiedene Geschichten. Einmal soll Commerson auf Faial von der faszinierenden Pflanze so beeindruckt gewesen sein, dass er sie nach dem Hauptort Horta (dt. Gemüsegarten) getauft haben soll. Andererseits benannte er sie wohl eher nach seiner schönen Begleiterin Hortense Barré, wobei der Frauenname Hortense sich wiederum vom lateinischen Wort hortus für Garten ableitet.

men alle Ehre. Dann blühen die Hortensien zu Millionen, die die Insel in einen blauen Schleier hüllen. Mittlerweile ist dieser Strauch aus der Familie der Steinbrechgewächse mit seinen riesigen, halbkugelförmigen Blütendolden zum Symbol für die Azoren geworden. Obwohl diese Zierpflanze von den Inseln heute nicht mehr wegzudenken ist, zur ursprünglichen Vegetation gehörte sie nicht. Der französische Arzt und Botaniker Philibert Commerson brachte in der ersten Hälfte des 18. Jahrhunderts von einer Reise getrocknete Exemplare dieser in Japan schon seit langem gezüchteten Gattung in seine Heimat mit.

Die Erde lebt

Mal sind die Vulkane nur ein paar Meter groß, mal beherrschen sie die ganze Insel. Und immer tragen sie auf den Azoren einen grünen Mantel. Im Portugiesischen führen sie die Bezeichnung Pico – Stachel, Dorn, Spitze. Der mächtigste von ihnen ist der Pico auf der gleichnamigen Insel – mit 2 351 m sogar der höchste Berg Portugals. Er entspricht wegen seiner steilen, symmetrische Kegelform am ehesten der klassischen Vorstellung eines Vulkans. Wie viele auf dem Archipel gehört er zur Gruppe der Stratovulkane. Sie gleichen ›schlafenden Riesen‹, die oft nach jahrzehntelanger Ruhepause meist unvermittelt zum Leben erwachen, für mehrere Wochen oder Monate Asche und Lava speien und dann wieder einschlummern. So werden durch unzählige einzelne Eruptionen über Jahrtausende gewaltige Vulkankörper aufgebaut. Auffällig häufig besitzen sie auf den Azoren einen gigantischen Einsturzkessel, eine so genannte *Caldera* (span.=Kessel, port. *caldeira*). Sie entstehen, wenn nach einem Ausbruch die Decke über der entleerten Magmakammer unter dem eigenen Gewicht zusammenbricht. 15 km im Durchmesser misst die größte, die Caldeira de Guilherme Moniz, auf Terceira. Mit Regenwasser gefüllte Vulkankrater lassen zauberhafte Seen entstehen. Als ob jemand eine Handvoll blitzender grünblauer Juwelen ausgestreut hätte, überziehen diese Lagoas die Hochebenen der Inseln Flores und Pico. Doch die Idylle trügt. Überall auf den Azoren lässt sich hautnah erleben, dass sich etwas unter der Erde bewegt. Vielerorts kringeln sich lang gezogene Dampfwolken empor. Dank des stark zerklüfteten und porösen Gesteins kann Niederschlagswasser tief in den Untergrund eindringen. Dort wird es durch den Kontakt mit heißen Gesteinsmassen erwärmt, steigt auf und tritt schließlich in heißen Quellen oder Dampfquellen, den Fumarolen (lat. Fumus = Dampf), aus. Verbreiten die fauchenden und zischenden Dämpfe durch gelösten Schwefelwasserstoff sowie bei Furnas auf São Miguel einen beißenden, an faule Eier erinnernden Gestank, spricht man von Solfataren. In Dutzenden von großen Schlammtöpfen brodelt hier eine suspekte, graublaue Brühe. Gelegentlich wird kochender Schlamm wild hochgeschleudert. Der letzte Vulkanausbruch fand 1957/58 statt, als die raue Vulkanlandschaft von Capelinhos an der Westküste Faials entstand. Und erst am 9. Juli 1998 erschütterte ein Erdbeben der Stärke 6,0 die Inselgruppe. Fünf Menschen kamen ums Leben, mindestens vierzig wurden verletzt. Mehrere Hundert Leute verloren das Dach über ihren Köpfen. Ruhe werden die Inseln auch zukünftig nicht finden, denn die Azoren sind nur die herausragenden höchsten Gipfel einer langen Vulkankette mitten im Atlantik. Dieser Mittelatlantische Rücken ist die Bruchzone zwischen der Nordamerikanischen und der Eurasischen Platte. Aufsteigende, bis zu über 1000°C heiße Gesteinsschmelze ist der Motor, der die Platten hier auseinander treibt und an den Rändern ständig neue Erdkruste bildet. Die Azoren – ein grünes Paradies, das nie still steht.

Lagoa Negra

Milch, Wein und Tropen-
früchte

In den Bergen weicht nur selten der Nebel. Hier sind die Weiden besonders üppig und grün. Kühe bestimmen das Bild. Gebracht wird die Milch morgens und nachmittags zu den Sammelstellen an der Küste. Oft für den Bauern ein mühseliges und zeitaufwendiges Unterfangen, da viele Weiden nur schwer zugänglich sind. So wird vielerorts die Milch noch mit Pferd oder Maulesel transportiert. Obenauf sitzt der Melker und seitlich am Sattel baumeln die silbernen Milchkannen. Jeder größere Ort besitzt seine eigene Käserei. Am bekanntesten ist der queijo (dt. Käse) von São Jorge. Der zylinderförmige Käse wird für mehrere Monate bei konstanter Temperatur getrocknet und erhält dadurch eine honigfarbene Rinde, ein starkes Aroma und einen scharfen Geschmack. Je länger er reift, desto würziger wird er. Käse und Milch sind ein wichtiger Wirtschaftsfaktor der Azoren, die außer fruchtbarem Ackerboden keine Bodenschätze besitzen. Als die ersten Siedler Anfang des 15. Jh. kamen, waren die Hänge dicht mit Gestrüpp und Bäumen bewachsen. Mit Muskelkraft und Hacken – deren Schaft nur fünf Handspannen lang sein durfte, damit sie nicht als Waffen bei Streitigkeiten zwischen Nachbarn benutzt werden konnten – wurde der Boden gesäubert. Aber Regengüsse spülten die Erde weg. Mauern aus schwarzem Lavagestein wurden errichtet, welche die Erde aufhielten. Ein Schachbrettmuster aus zahllosen kleinen

Feldern überzieht die Inseln. An steilen Hängen wie auf Santa Maria entstanden landschaftlich reizvolle Terrassen. Ebenso zergliedern die Weinberge mit ihren Umgrenzungsmauern die Lavafelder in unzählige grünschwarze Rechtecke, die Currais. Oft passt nur ein einziger Rebstock in das winzige Geviert, dessen Mauern aus aufeinander geschichteten Lavasteinen, den Curraletas, den Wein vor den Witterungen schützt. Der Verdelho, ein trockener Weißwein von Pico, wurde sogar im fernen Russland vom Zaren getrunken. Bei den Weinfeldern wurden spezielle Lagerhäuser für den Wein und die Geräte errichtet. Diese *adegas* dienten den Familien auch als Unterkunft während der Weinlese. 12 000 bis 15 000 Fässer à 500 Liter gewannen die Azoreaner in einem normalen Jahr. Im starken Kontrast zu den schwarzen Lavafeldern stehen die fast paradiesisch anmutenden Obstgärten. Durch das spezielle freundliche Mikroklima gedeihen hier an der Küste auch Bananen, Ananas und Orangen. Schöne alte Herrenhäuser – die Quintas – zeugen von dem einstigen Reichtum der Inseln im 17. und 18. Jh. Die Blütezeit wurde Anfang des 19. Jh. brutal beendet, als eingeschleppte Pflanzenkrankheiten damals ein Großteil der Anpflanzungen vernichteten. Heute liegen viele Felder brach, Häuser und Gebäude verfallen. Die Armut war es auch, die in den 60er Jahren viele Azoreaner zwang, nach Kanada und Amerika auszuwandern. Viele kehren heute wieder zurück. Produziert wird hauptsächlich nur noch für den Eigenbedarf der Inseln. Obwohl sie nun hier im Verhältnis nur wenig verdienen, sind die Açoreanos glücklich, ›this is our island‹.

Azoreanerin bei der Pflege von Weinreben

13

Feste feiern

Pilger und Prozessionen, religiöse Feiern und fröhliche Volksfeste, Karnevalstänze und Stierkämpfe – die tiefe Gläubigkeit der Azoreaner findet ihren Ausdruck in ihren unzähligen Festen, deren fromme Traditionen und vielfältige Farbenpracht bis heute erhalten geblieben sind. Jede Insel und jedes Dorf zelebriert dabei seine eigenen Bräuche. Viele entstanden, weil die Inselbewohner durch die für sie unerklärbaren Naturgewalten wie Erdbeben, Vulkanausbrüche oder fürchterliche Stürme verängstigt waren. Sie suchten Trost bei religiösen Figuren, von denen sie sich Hilfe und Wunder erwarteten. Dafür versprachen sie, ihnen feierlich zu gedenken. Das wohl größte kirchliche Fest der Azoren ist die Festa do Senhor Santo Cristo dos Milagres in Ponta Delgada auf São Miguel, das am fünften Sonntag nach Ostern stattfindet. Aus der ganzen Welt kommen die Açoreanos zurück und nehmen Teil an der 4 Stunden dauernden Prozession durch die mit Blumenteppichen geschmückten Straßen der Stadt. Schon Wochen

sind auf den Azoren wichtiger als Weihnachten und Ostern zusammen. Auf der Insel Terceira sind diese am traditionsreichsten. Höhepunkt ist die Festmesse am Pfingstsonntag, bei der der Ausrichter der Feierlichkeiten vom Pfarrer Krone und Zepter erhält. Nach der Kirche geht es mit Musik im Festzug zu den Impérios, kleine Kapellen – oft architektonische und farbenprächtige Meisterstücke. In ihnen werden Zepter und Krone das Jahr über öffentlich ausgestellt. Die Wurzeln der Heilig-Geist-Feste führen zurück bis in das 13. Jh., als Papst Gregor IX. Elisabeth von Thüringen am Pfingstsamstag des Jahres 1235 heilig sprach. Als Dank soll Herzog Konrad in Perugia ein großes Fest für die Armen gegeben haben, auf dem Brot und Fleisch gereicht wurden. In Portugal gilt Königin Isabella von Aragon als Begründerin. Sie führte um 1300 den Brauch ein, einen Bauern für einen Tag des Festes zum Kaiser zu krönen. Franziskanermönche brachten den Kult dann im 15. Jh. auf die Azoren.

vorher werden ganze Straßenzüge mit Tausenden von Glühbirnen geschmückt und der Platz vor der Kirche mit der Heiligenfigur verwandelt sich nachts in ein strahlendes Lichtermeer. Die Feste des Divino Espírito Santo, des heiligen Geistes, werden auf jeder Insel von Mai bis August begangen. Allen gemeinsam ist die Grande Coroação (die Kaiserkrönung) und die Armenspeisung mit der Sopas do Império (die Heilig-Geist-Suppe), wobei Alcatra (Rindfleisch), Massa Sovada (süßes Brot) und Vinho de Cheiro (Azorenwein) verteilt werden. Tagelang wird gekocht und gebacken, gegessen und getrunken. Denn die Festas do Espirito Santo

Tourada à Corda (Stierkampf am Strick) auf Terceira, die weltberühmte Semana do Mar (Woche des Meeres) auf Faial und die Semana dos Baleeiros (die Walfängerwoche) auf Pico im August, ein Gezeitenfest auf Santa Maria, der lebendige Karneval auf Graciosa oder ein Auswandererfest auf Flores – irgendwo wird stets auf den Azoren getanzt, gelacht, gesungen und gefeiert. Und immer sind alle herzlich eingeladen.

Sagenumwobene Caldeira

Rund um die Caldeira das Sete Cidades

Die schöne Caldeira von Sete Cidades beherrscht den Westteil São Miguels. Ihren Reiz verdankt sie vor allem zwei Seen. Der eine schimmert smaragdgrün, der andere dagegen erscheint tiefblau. So manche Legende rankt sich um sie.

DIE WANDERUNG IN KÜRZE

++
Anspruch

5.30 Std.
Gehzeit

21 km
Länge

Charakter: Mittelschwer aufgrund der Länge. Die Tour verläuft größtenteils auf sandigen Fahrwegen entlang des Kraterrandes, der im Osten allmählich von 500 m zum höchsten Punkt, dem 845 m hohen Pico da Cruz, ansteigt.

Wanderkarte: Ilha de S. Miguel (W), 1:50 000

Einkehrmöglichkeiten: Versorgungswagen am Aussichtspunkt Vista do Rei; unterwegs keine

Anfahrt: In Ponta Delgada **mit dem Auto** zunächst der Ausschilderung Aeroporto folgen. Beim Flughafen dann auf der Inselhaupt-

straße EN 1-1a. in Richtung Feteiras an der Südwestküste São Miguels weiterfahren. Kurz vor dem Ort biegt die EN 9-2a. nach Sete Cidades ab. Die Straße führt auf den Kraterrand hoch direkt zum Aussichtspunkt Vista do Rei.

Öffnungszeiten: Parque Laoa do Canári: Mai bis September werktags 8.30 bis 16.00 Uhr und Sa., So. und feiertags von 10.00 bis 18.00 Uhr

Hinweise: Getränke- und Nahrungsvorrat mitnehmen. Und: Schwindelfreiheit erforderlich!

Startpunkt der Tour ist der Aussichtspunkt **Vista do Rei** (dt. Königsblick) auf dem südlichen Kraterrand der Caldeira das Sete Cidades.

Er trägt seinen Namen zu Recht, bietet er doch den schönsten Ausblick über die gewaltige Caldeira und das grandiose Farbenspiel der zwei sa-

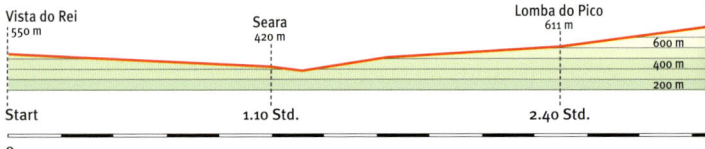

Vista do Rei
550 m

Seara
420 m

Lomba do Pico
611 m

600 m
400 m
200 m

Start

1.10 Std.

2.40 Std.

0

genhaften Kraterseen. 300 m tiefer liegt die Lagoa Verde (dt. grüner See). Spiegelt sich die Sonne in dem See, schimmert sein Wasser grünlich. Nur durch eine schmale Brücke getrennt, breitet sich dahinter das satte Blau der Lagoa Azul (dt. blauer See) aus. Die beiden Seen besitzen keinen natürlichen Abfluss und ihre Pegel schwankten so stark, dass das nahe gelegene Dorf Sete Cidades oftmals unter Wasser stand. Ein Wasserkanal, der durch einen Tunnel in der Kraterwand nach draußen verläuft, reguliert seit Anfang 1942 die Seen und bereitete den Überschwemmungen ein Ende.

Vom Aussichtspunkt – er wurde nach dem portugiesischen König Carlos I. benannt, der 1901 während eines Inselbesuches an diese Stelle geführt wurde – folgen wir dem Kraterweg, der bequem zu einer Sendestation auf dem Kraterrand ansteigt. Kurz vor dem höchsten Punkt zweigt nach links ein Fahrweg zu der Sendeanlage ab. Wir bleiben jedoch auf dem Hauptweg, der sich im leichten Auf und Ab auf dem Kratergrat entlang fortsetzt. Immer wieder ergeben sich herrliche Aussichten über Hortensienhecken hinweg und zwischen Japanischen Sicheltannen.

Linker Hand gleitet der Blick über grüne Weiden und Wälder in die Tiefe, wo sich an der Küste vor dem Hintergrund des leuchtend blauen Ozeans die Ortschaften Feteiras, Candelária, Ginetes und Várzea an-

einander reihen. Rechter Hand fallen die Kraterwände steil zum Kraterboden ab. Etwa 5 km beträgt die Distanz bis zum gegenüberliegenden Kesselrand. Vor unseren Augen verschwindet Sete Cidades nun hinter der schönen, kreisrunden Caldeira Seca (dt. trockene Caldeira). Wie ihr Name schon verrät, umfasst sie keinen See, vielmehr wird ihr mit dichten Wald bekränzter Krater landwirtschaftlich genutzt. Dahinter erhebt sich die höhere Caldeira do Alferes. Während wir diese passieren, tauchen an der Küste die schwarzen Lavafelsen von Mosteiros auf.

Schließlich mündet der sandige Fahrweg an der niedrigsten Stelle des Kraters in die Verbindungsstraße zwischen Sete Cidades und Várzea. Dort wenden wir uns nach rechts und wandern auf der Asphaltstraße unterhalb des **Gipfels Seara** (1.10 Std.) bequem in die Caldeira hinab. Kurz bevor die Straße scharf nach rechts abknickt, biegen wir nach links auf eine Straße aus schwarzem Lavagestein ab (ausgeschildert ›walking trail‹). Nur wenig später ignorieren wir die markierte Wanderroute, die nach rechts auf einem sandigen Fahrweg in die Kratermitte führt und laufen geradeaus weiter. Den nächsten Abzweig nach links ebenfalls nicht beachten. Auf der Höhe eines Landhauses, das sich rechter Hand am Waldrand harmonisch in die prachtvolle Landschaft zwischen den Kratern einfügt,

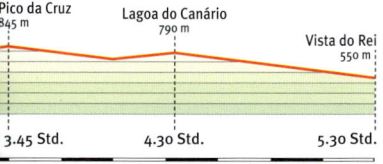

Pico da Cruz
845 m

Lagoa do Canário
790 m

Vista do Rei
550 m

3.45 Std.   4.30 Std.   5.30 Std.

21 km

Tour 1

schlängelt sich der Weg moderat wieder den Kraterrand hinauf.

Vor einer mehrere Meter hohen Felswand aus Tuffgesteinen und vulkanischen Schlacken gabelt sich der Weg. Nach links führt ein sandiger Fahrweg nach Mosteiros hinunter. Dieser und auch der nächste am anderen Ende der Felswand bleiben unberücksichtigt. Wir folgen dem sandigen Fahrweg, der weiter auf den Kratergrat hinaufführt. Dieser Abschnitt wurde erst vor kurzem neu angelegt. Viele ältere Quellen gehen daher noch davon aus, dass eine vollständige Kraterumwanderung nicht möglich sei. Oben geht es hoch über der Lagoa Azul die fast senkrecht abfallende Kraterwand entlang. Blau leuchtet der See und strahlend grün die üppig bewachsenen Steilwände. Nicht weniger atemberaubend sind die Aussichten von hier über die Seen zum gegenüberliegenden Aussichtspunkt Vista do Rei.

In den letzten Jahren wurde jedoch eine zunehmende Grünfärbung des ›blauen Sees‹ beobachtet, die auf einer vermehrten Algenbildung beruht. Ihre Ursache ist in der intensiven Vieh- und Landwirtschaft zu finden, deren Rückstände den idealen Nährboden für die Algen bieten. Mittlerweile drohen etliche Seen auf den Azoren umzukippen.

Im ständigen Auf und Ab gewinnen wir an Höhe. An der Küste ziehen die Ortschaften João Bom, Pilar, Bretanha und Remédios vorbei. Ab dem Kratergipfel **Lomba do Pico** (2.40 Std.) säumen skurrile, mit dicken Moospolstern bewachsene Erdwälle den Gratweg. Auf der Höhe des Kraters Lagoa de Santiago nimmt die Steigung zu. Vor uns erhebt sich der höchste Punkt des Kraters, der Pico da Cruz.

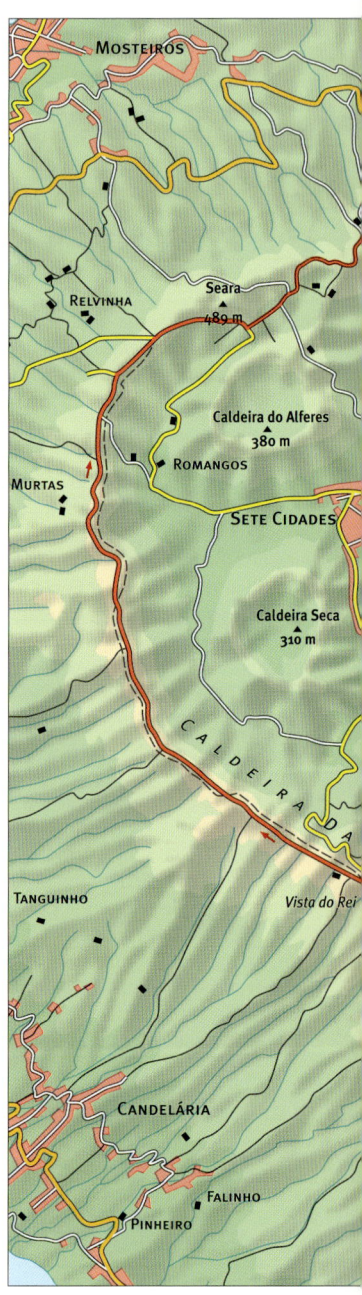

REMEDIOS

Lomba do Pico
611 m

Lagoa Azul

CERRADO DAS FREIRAS

Pico da Cruz
845 m

*Lagoa
de
Santiago*

Lagoa Verde

*Lagoa
Rasa*

START
Casal
Hotel 656 m

S E T E   C I D A D E S

*Lagoa do
Canário*

*Lagoa do
Junco*

*Lagoa
Pau Pique*

En 8-2a

CHÃ DA AREIA

Eguas
873 m

*Lagoa
de Eguas*

*Lagoa
Rasa*

TAMUGAL

*Lagoa
Caldeirão
Grande*

0   500 m
1 : 50.000

Unterhalb des Gipfels verzweigt sich der Weg. Der alte, fast völlig durch Erosion zerstörte Weg klettert steil gerade hoch. Ein neuerer, wesentlich bequemerer Weg führt links um die Spitze herum. Bei der nächsten Gabelung halten wir uns rechts: In Kehren überwinden wir die letzten Höhenmeter und erreichen den Gipfel des **Pico das Cruz** (3.45 Std.). Nach links ergibt sich ein herrliches Panorama über den flacheren Mittelteil der Insel, die Pico-Zone. Es ist ein idyllisches Weideland, dessen sanft geneigte Hänge mit kleinen Vulkankegeln und -kratern gespickt sind. Die Oberfläche scheint mit Pocken übersät zu sein. Dahinter ragen die schroffen Berge des Ostteils auf. Nach rechts erlaubt der Aussichtspunkt beim Gipfelpfahl einen herrlichen Blick in die Lagoa de Santiago. Wenig weiter bei der meteorologischen Mess-Station stoßen wir auf einen Fahrweg, der steil vom Gipfel wieder absteigt, durch einen Wald aus Japanischen Sicheltannen verläuft und an einer Verbindungsstraße zur Nordküste hinab endet.

Nach rechts gelangen wir wenig später zur Verbindungsstraße EN 8-2a. zwischen Ponta Delgada und Sete Cidades. Die Reste eines beeindruckenden dreistöckigen Aquädukts aus dem 19. Jh. sind von der Straße aus zu sehen. Das Wasser der umliegenden Lagoas wurde ehemals darüber nach Ponta Delgada geleitet. Bereits Anfang des 16. Jh. gab es Pläne für den Bau dieser Wasserleitung. Seit 1521 wurde für diese sogar eine Sondersteuer erhoben. Wir halten uns erneut rechts – leicht bergauf. An einer Kreuzung nicht weit entfernt lohnt sich ein Abstecher nach rechts in das Naturschutzgebiet Parque Lagoa do Canário.

Neben dem wunderschönen Kratersee **Lagoa do Canário** (4.30 Std.) und einer hübschen Parkanlage entlang verschlungener Wasserkanäle, offeriert eine Aussichtsplattform am Kraterrand einen grandiosen Blick aus schwindelnder Höhe in die Lagoa Rosa und die Lagoa de Santiago. Zurück auf der Inselstraße geht es nun nur noch leicht bergab. Alle Abzweigungen bleiben unbeachtet. Zunächst windet sich die Straße noch durch eine karge Mooslandschaft. Je näher wir jedoch unserem Ausgangspunkt und Endziel kommen – dem Aussichtspunkt **Vista do Rei** (5.30 Std.) –, desto mehr umschließt uns dichter Wald. Sobald das Hotel Monte Palace zu sehen ist, ist es nicht mehr weit.

Lagoa Azul und Lagoa Verde

Die Caldeira entstand vor ca. 22 000 Jahren. Seitdem ist der Stratovulkan von Sete Cidades noch an die 22-mal ausgebrochen. Neue Vulkane, jedoch zumeist kleineren Ausmaßes, haben sich in der Caldeira aufgebaut, die heute neben den zwei großen Seen vier weitere kleinere Krater aufweist.

Eine der heftigsten Eruptionen ereignete sich im Jahre 1444 auf der Südwestseite des Vulkans. Der Seefahrer Gonçalo Velho Cabral war gerade auf dem Weg nach São Miguel. Er berichtet von einem aufgewühlten Meer voller Baumstämme, einem Regen aus Aschen und Steinen, Glutwolken am Himmel und giftigen Gasschwaden. Allerdings hat sich der Vulkan in den letzten Jahrhunderten relativ ruhig verhalten. Der jüngste Ausbruch fand 1880 vor der Inselküste unter Wasser statt. Heutzutage erstreckt sich in der Caldeira eine

São Miguel: Rund um die Caldeira das Sete Cidades

Tour 1

Die Caldeira das Sete Cidades: Vom Aussichtspunkt bietet sich ein fantastischer Blick auf die Lagoa Verde und die Lagoa Azul.

friedvolle Landschaft: gepflegte Farmen, kleine Wäldchen, hübsche Parks und das malerische Bauerndorf Sete Cidades – die ›sieben Städte‹ – am Westufer der Seen Lagoa Azul und Lagoa Verde. Rein wissenschaftlich lassen sich ihre andersartigen Färbungen vermutlich auf unterschiedliche Seetiefen zurückführen. Wesentlich romantischer erklären dagegen zahlreiche Sagen und Legenden die faszinierende Naturerscheinung. Laut einer Sage versprach ein Engel einstmals einem Königspaar ein Kind, wenn diese dafür sieben Städte bauen würden. Bis zu ihrem zwanzigsten Lebensjahr durften sie aber die Tochter dort nicht besuchen. Als der König es dennoch versuchte, verschlang ein gewaltiges Erdbeben die sieben Städte. Nur die zwei Seen blieben zurück. Die grünen Schuhe der Prinzessin auf dem Grund des einen Sees färbten ihn grün, der andere wurde blau durch ihren Hut.

Am bekanntesten ist die Geschichte von der Prinzessin, die sich in einen jungen Schafhirten verliebte. Ihr erzürnter Vater, der sie mit einem Prinzen vermählen wollte, verbot ihr, den Hirten je wiederzusehen. Ein letztes Mal trafen sie sich heimlich, um Abschied voneinander zu nehmen, und weinten dabei bitterlich. Die Tränen aus den grünen Augen des Hirtenjungen füllten den einen See, die aus den blauen Augen der Prinzessin den anderen.

Küstenidylle auf alten Pfaden

Von Rabo do Asno nach Remédios

Diese Tour verläuft durch die Fischerdörfer entlang der Westküste São Miguels am Fuße der Caldeira das Sete Cidades. Entlang des Weges ergeben sich herrliche Aussichten über die Küste und den weiten Atlantik.

DIE WANDERUNG IN KÜRZE

+++

Anspruch

6.30 Std.

Gehzeit

27 km

Länge

Charakter: Die aufgrund der Länge anstrengende Tour verläuft meist auf der alten Inselrundstraße, abwechselnd auf sandigen Fahrwegen und -straßen. Kaum nennenswerte Höhenunterschiede, allerdings zwei kurze, steile Abschnitte hinunter zur Ponta da Ferraria und Mosteiros

Wanderkarte: Ilha de S. Miguel (W), 1:50 000

Einkehrmöglichkeiten: Läden, Bars und Cafés in Ginetes, Mosteiros, João Bom, Pilar, Bretanha und Remédios. Die zwei Restaurants und die Snackbar in Mosteiros sind den Winter über geschlossen.

Anfahrt: Von Ponta Delgada verkehrt die **Buslinie** Ponta Delgada–Mosteiros über Várzea mehrmals tägl. nach Rabo do Asno. Von Remédios mehrmals tägl. über Capelas mit dem Bus von Mosteiros oder João Bom. Info: Turismo São Miguel, Avenida Infante Dom Henrique, 9500 Ponta Delgada

Von Ponta Delgada kommend liegt die Bushaltestelle von **Rabo do Asno** am Ortsende nahe des Bacheinschnittes Grota da Baldaia. Ein paar Meter zurück in Richtung des Dorfes kreuzt die neue Inselrundstraße EN 1-1a einen sandigen Fahrweg, auf dem wir zur Küste absteigen. Nur wenig später mündet er auf die alte Inselrundstraße, auf der wir uns nach rechts wenden. Sie windet sich in etlichen Kurven und Kehren im leichten Auf und Ab oberhalb der Steilküste am Hang entlang. Unterwegs kreuzen wir mehrere Bäche. Bambusgesäumte Viehweiden bestimmen das

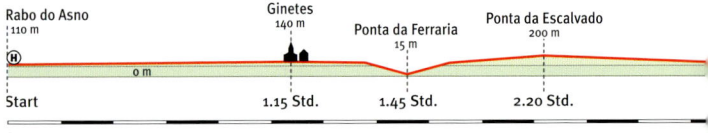

Rabo do Asno
110 m

Ginetes
140 m

Ponta da Ferraria
15 m

Ponta da Escalvado
200 m

0 m

Start   1.15 Std.   1.45 Std.   2.20 Std.

0

Landschaftsbild, während Maisfelder oder Gemüsegärten seltener zu sehen sind. Auffallend sind die oft meterhohen, kahlen Hangböschungen, die von Wind und Wetter ausgewaschen worden sind. An den steinharten Wänden lassen sich die unterschiedlichen Aschenablagerungen sehr gut unterscheiden.

Alle Wege nach rechts ignorieren. Schließlich steigt der alte Küstenweg zu der kleinen Siedlung Socorro auf. Unweit der neuen Inselrundstraße halten wir uns an einem Wege-T nach links. Wir bleiben dann auf dem sandigen Fahrweg, der unterhalb der Ortschaft am Hang entlangführt. Wenig später berührt er kurz die Hauptstraße. Links von uns befindet sich ein Sägewerk. Dahinter setzt sich die alte Inselrundstraße fort. Zunächst alle Abzweigungen unberücksichtigt lassen. Nachdem wir den zweiten Bach überquert haben, wandern wir an dem folgenden Wege-T nach links weiter. Bei einer großen Norfolktanne, mit ihren seltsam in die Höhe stehenden langen Nadeln, erreichen wir ein sehr schönes altes Gehöft in der Siedlung Lomba dos Gagos.

Zwischen kopfhohen Lavasteinmauern lassen wir die letzten Gebäude hinter uns. Auf dem immer schmaler werdenden kurvigen Weg an Verzweigungen stets geradeaus orientieren. Zwei weitere Bacheinschnitte werden überquert. Der sandige Fahrweg namens Ramal da Lomba da Correira, der zwischen einigen Häusern in die Hauptstraße mündet, bleibt unbeachtet. Ab hier wird der alte Inselweg wieder breiter. Schließlich erreichen wir die ersten Häuser von **Ginetes** (1.15 Std.). Der sandige Fahrweg geht in eine Asphaltstraße über. Immer weiter geradeaus steigen wir entspannt durch die ruhige Ortschaft auf, überqueren einen kleinen Platz nahe des Ortszentrums rechter Hand und des Pico do Cavalo linker Hand und folgen anschließend der Ausschilderung Ferraria leicht abwärts.

Nahtlos schließt sich das auseinander gezogene Straßendorf Fazendas an. Überall in den Dörfern an der Westküste São Miguels stehen neben alten Häusern und Gehöften noch häufig die cranelas. Diese Vorratsscheunen wurden auf langen Pfählen errichtet. Hauptsächlich sollten sie so Schutz vor hungrigen Nagetieren, aber auch vor der Feuchtigkeit bieten. Viele Häuser besitzen auch noch den traditionellen nach außen gebauten Backofen mit dem übergroßen Kaminabzug. Am tiefsten Punkt passieren wir die Zufahrt zum Leuchtturm. 1901 wurde die Anlage errichtet. Sie lässt uns mit ihrem 18 m hohen quadratischen Turm und den schmucken Fassaden jedoch eher an ein kleines Schloss denken.

Bei den letzten Häusern zweigt nach links am Fuße des Pico das Camarinhas der Weg zur **Ponta da Ferraria** (1.45 Std.) ab. Die steile Betonstraße verliert in Serpentinen

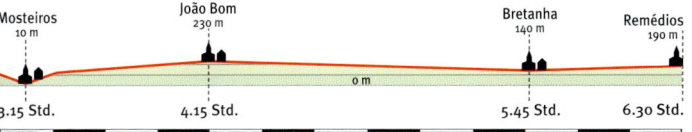

Mosteiros	João Bom		Bretanha	Remédios
10 m	230 m	0 m	140 m	190 m
3.15 Std.	4.15 Std.		5.45 Std.	6.30 Std.

27 km

Atlantischer Ozean

PONTA DA BRETANHA

PILAR

COVAS

PONTA DOS MOSTEIROS

ESPIGÃO GRANDE

PILAR BRETAN

Lagoa do Pilar 332 m

JOÃO BOM

Mafra 359 m

MOSTEIROS

Ilhéu dos Mosteiros

CAMINHO VELHO

ESPIGÃO DO CAI

LOMBA GRANDE

FAJÃS

523 m

LOMBA DA FONTE

PONTA DO ESCALVADO

RELVINHA

Seara 489 m

Lagoa Azu

PONTA DA FERRARIA

Pico da Várzea VÁRZEA 275 m

MURTAS

Caldeira do Alferes 380 m

ROMANGOS

Pico das Camarinhas 275 m

222 m

SETE CIDADES

CERRADO DAS FREIRA

FAZENDAS GINETES

Cascalho Negro 562 m

Caldeira Seca 310 m

Lagoa de Santiago

Pico do Cavalo 215 m

ESPIGÃO

Três Grotas

CALDEIRA DAS

Lagoa Verde

Lagoa Rasa

625 m

GALHARDAS

TANGUINHO

SET

114 m

Casal 656 m

PARAISO

LOMBA DOS GAGOS

SOCORRO

PONTA DA CANDELÁRIA

CANDELÁRIA

CHA DA AREIA

FALINHO PINHEIRO

Grota do Biscoito

TAMUGAL

48

RABO DO ASNO

START

160 m

ESPIGÃO DA FONTE

PONTA DA LOMBA DA CRUZ

BISCOITO

FETEIRAS

Atlantischer Ozean

0   1 km

1 : 80.000

LOMBA DA IGREJA

schnell an Höhe und endet an einem einsam stehenden Gebäude mitten auf der breiten, rotschwarzen Landzunge, die im starken Kontrast zum blauen Meer steht. Das ehemalige Thermalbad für Rheumakranke wurde schon lange aufgegeben. Den Kurgästen machte das raue Klima auf den windumtosten Kliffen zu schaffen. Ein Pfad führt vom Gebäude zu den heißen Quellen, von denen das Wasser per Hand zu den Badebecken gepumpt wurde. Bei Ebbe wird das Meerwasser nahe den Quellen bis zu 70 Grad heiß.

Bei unserem Abstecher zum westlichsten Punkt der Insel werden wir mit einer grandiosen Aussicht auf die fast senkrecht aufragende Steilküste mit ihren unterschiedlich verfärbten Gesteinsschichten. Riesige Geröllblöcke aus schwarzem Basaltgestein liegen verstreut am Hang. Das beeindruckendste Schauspiel liefert uns jedoch das Meer selbst. Bei starkem Seegang brechen sich die Wellenberge mit ungeheurer Wucht an den zerklüfteten Lavafelsen und schießen durch Lücken und Löcher als meterhohe Wasserfontänen hoch. Ideale Angelbedingungen finden die Einheimischen und setzen sich gleich reihenweise gefährlich nahe an den brodelnden und schäumenden Hexenkessel. Vorsicht, dies ist nicht zur Nachahmung zu empfehlen! Die Löcher, aus denen das Wasser mit unvorstellbarer Kraft hervorschießt, sind kaum zu sehen.

Wieder zurück, kreuzt die alte Inselrundstraße das kanalisierte Bachbett Levanta da Ferraria und steigt als Hohlweg rechts vom Pico das Camarinhas auf. Der Vulkankegel entstand 1713 bei einem der heftigeren Ausbrüche des Vulkankomplexes Sete Cidades. Seit 1998 werden wieder zunehmend seismische Aktivitä-

25

ten des schlafenden Riesen registriert. Am 2. und 3. August des gleichen Jahres wurden fast 120 Erdstöße in drei Stunden gezählt. In der gleichen Periode waren 5 Erdbeben zwischen Ginetes und Várzea zu spüren. Das stärkste erreichte immerhin 3,1 auf der Richterskala. Ähnliches ereignete sich am 2. September nahe der Küste zwischen der Ponta da Ferraria und Mosteiros.

Im leichten Auf und Ab wandern wir links am Pico da Várzea vorbei, dessen Kuppe von einer Windmühlenruine gekrönt wird. Wenn rechts die Häuser von Várzea zu sehen sind, erreichen wir eine Straße, die uns nach links zum Aussichtspunkt auf der **Ponta do Escalvado** (2.20 Std.) führt. Er bietet eine grandiose Aussicht auf die imposante Steilküste, die Küstenebene von Mosteiros und die Felsinsel. Die größte ist die Ilhéu dos Mosteiros. Laut einer Sage stellen die markanten Felszacken die Zehen des Riesen Almourol dar, der unter einem Umhang – nämlich die Insel São Miguel – friedlich schlummert.

Wir gehen zurück zum Fahrweg, gehen links und folgen den zahlreichen Windungen der alten von Bambus gesäumten Inselstraße bergab. Unmittelbar an der Steilküste entlang, passieren wir den Weiler **Lomba da Fonte** und stoßen bei den Häusern von **Lomba Grande** auf die Straße hinab nach Mosteiros. Ein Stück weiter unten zweigt bei der Bushaltestelle nach rechts der Caminho do Concelho (dt. Gemeindeweg) ab. In der zweiten Bacheinbuchtung knickt er nach rechts ab und steigt steil den Hang hoch. Wir folgen aber dem betonierten Fahrweg geradeaus über eine Brücke – der Bach bildet hier einen hübschen Wasserfall – und gelangen in der

nächsten Kurve erneut an eine Weggabelung.

Nach links steigt in steilen, kurzen Kehren ein alter Weg nach **Mosteiros** (3.30 Std.) ab. Der Weg mündet bei den ersten Häusern in eine asphaltierte Dorfstraße, die direkt an der Kirche und dem Dorfplatz vorbei zum Hafen hinabläuft. Wir gehen zurück zum Abzweig nach Mosteiros. Hier biegt der betonierte Fahrweg nach rechts ab und steigt steil mit schöner Aussicht auf das Fischerdorf Mosteiros (dt. Kloster) entlang der Häuserzeilen des Dorfes Pico do Mafra auf. Massen farbenprächtiger Blumen füllen die Vorgärten. Nahe einer Quelle flacht der Weg ab und geht in einen sandigen Fahrweg über. Stets geradeaus erreichen wir bei den letzten Häusern den höchsten Punkt. In einem weiten Bogen umlaufen wir anschließend den Pico do Mafra. Nicht weit entfernt an einem Wassertrog vorbei gabelt sich der nun grasbewachsene Weg in der dicht bewaldeten Schlucht der Grota do João Bom.

Dort halten wir uns rechts bergauf. Noch zwei weitere Tobel müssen durchquert werden, bis wir aus der Grota da Fonte Velha herauskommend in **João Bom** (4.15 Std.) eintreffen. Ab hier ist die alte Inselstraße asphaltiert. Sie führt stets geradeaus bequem bergab durch das idyllische Straßendorf. Kleine, alte Häuschen wechseln sich ab mit frisch verputzten und neben modernen Bauten stehen Ruinen. Dazwischen erfreuen wir uns an herrlichen Blumengärten. In den letzten Jahren haben sich hier besonders viele Deutsche niedergelassen. Die Dörfer Covas und Pilar schließen sich an. Einige Minuten hinter der Kirche in Pilar biegt die aufsteigende Rua do Pilar zur neuen Inselhauptstraße ab.

Die schmalere Fahrstraße geradeaus verändert sich wenig später zu einem sandigen Fahrweg. An dem nächsten Wege-T wenden wir uns nach links in Richtung Küste.

Nun an mehreren Wegverzweigungen wieder geradeaus halten. Nachdem wir einen wild überwucherten Bach gekreuzt haben, laufen wir orographisch rechts des tief eingeschnittenen Wasserlaufs entlang, bis der Weg kurz vor der Steilküste wieder scharf nach rechts abknickt. Am folgenden Wege-T steigen wir nach rechts durch die Ruinensiedlung Silveiras bequem zur neuen Inselrundstraße auf. Nach links gehen wir weiter bis zur Bushaltestelle in Ajuda. Kurz dahinter kreuzt die Rua da Lomba da Bica die Straße. Noch einmal ein paar Meter weiter wählen wir die schmale Fahrstraße nach links bergab. Unterhalb der neuen Inselhauptstraße schlängelt sich der Weg, der sich nicht lange danach in einen Feldweg verwandelt, zwischen Weiden und Gärten am Hang entlang. Ab einem Sägewerk steigt der Weg zum Ortskern von **Bretanha** (5.45 Std.) auf, wo uns eine Betonstraße nach rechts hoch zum Dorfplatz an der Kirche leitet.

Über die Rua da Igreja verlassen wir den Kirchplatz wieder. Im steten Auf und Ab folgt die alte Inselrundstraße den zahlreichen Einbuchtungen der Hänge der Caldeira das Sete Cidades, immer auf Sichtweite der oberhalb verlaufenden neuen Inselstraße. Die schöne Strecke durch das friedvolle Straßendorf Bretanha vermittelt einen guten Eindruck des dörflichen Insellebens. Es war übrigens ab Mitte des 15. Jh. das bevorzugte Siedlungsgebiet der bretonischen Einwanderer, die dem Ort seinen Namen gaben. Am Fuße des Pico Vermehlo (dt. rote Spitze) kommen wir an einer alten, noch funktionsfähigen Windmühle vorbei. Die Sicht reicht nun über die Nordküste sogar bis weit in den Osten nach Nordestinho. Vor uns erblicken wir schon die Kirche von Remédios. Am Friedhof vorbei mit seinen seltsamen Grabkreuzen aus Blech, die sich mit Lichtampeln vergleichen lassen, schwingt sich die Fahrstraße steil zur Kirche hoch. Geradeaus setzt sich die alte Inselstraße weiter fort. Unsere Tour endet jedoch rechts oben an der neuen Inselrundstraße, wo sich auch die Bushaltestelle von **Remédios** (6.30 Std.) befindet.

Der Friedhof von Remédios

Tour 3

Die zehnte Insel

Von Porto Formoso zum Monte Escuro

Bevor die inselumrundende Küstenstraße EN 1-1a gebaut wurde, war der Osten São Miguels nur schwer zugänglich. Es ist ein durch hohe Bergzüge geprägtes Gebiet, das seinen Namen Decima Ilha – die zehnte Insel – zu Recht trägt.

DIE WANDERUNG IN KÜRZE

+++ Anspruch	**Charakter:** Anstrengende und lange Wanderung aufgrund eines Anstiegs von 820 m auf sandigen Fahr- und Feldwegen	**Anfahrt:** Von Ponta Delgada **mit dem Auto** auf der Inselhauptstraße EN 3-1a. nach Ribeira Seca und weiter auf der EN 1-1a. über Ribeira Grande nach Porto Formoso fahren. Kurz davor biegt die alte Inselhauptstraße R. EN1-1a. zum Ort an der Steilküste hinab ab.
5 Std. Gehzeit	**Wanderkarte:** Ilha de S. Miguel (E), 1:50 000	
20 km Länge	**Einkehrmöglichkeiten:** Laden und Bar in Porto Formoso und São Brás	

Ausgangspunkt der Tour ist die Kirche in **Porto Formoso**. Vom Kirchplatz bietet sich uns ein bezaubernder Blick hinab auf den Hafen und auf die Sandbucht. Oberhalb davon erstreckt sich das gemütliche Fischerdorf am Hang. Zwei mächtige Landvorsprünge, die Ponta Formosa und die Ponta de São Brás, schieben sich beiderseits der wunderschönen Bucht in das Meer vor. Die wie aus dem Bilderbuch entstiegene Szenerie ist charakteristisch für die dünn besiedelte Nordostküste. Sie war es auch, die Porto Formoso seinen Namen gab – ›schöner Hafen‹.

Von der Kirche aus steigen wir auf der Dorfstraße steil hoch in Richtung Ribeira Grande. Sobald die schmale Straße, die kaum Platz lässt für ein Auto, abflacht, passieren wir eine hübsche kleine Gartenanlage. Den ersten Abzweig nach links ignorieren wir. Ein paar Meter weiter zweigt vor

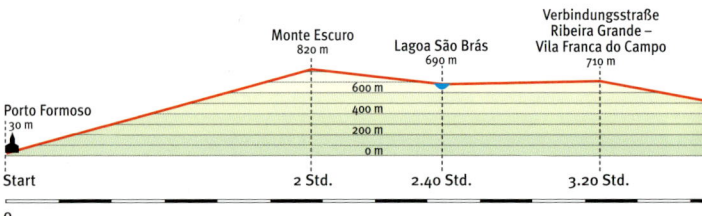

Porto Formoso
30 m

Monte Escuro
820 m

Lagoa São Brás
690 m

Verbindungsstraße
Ribeira Grande –
Vila Franca do Campo
710 m

600 m
400 m
200 m
0 m

Start   2 Std.   2.40 Std.   3.20 Std.

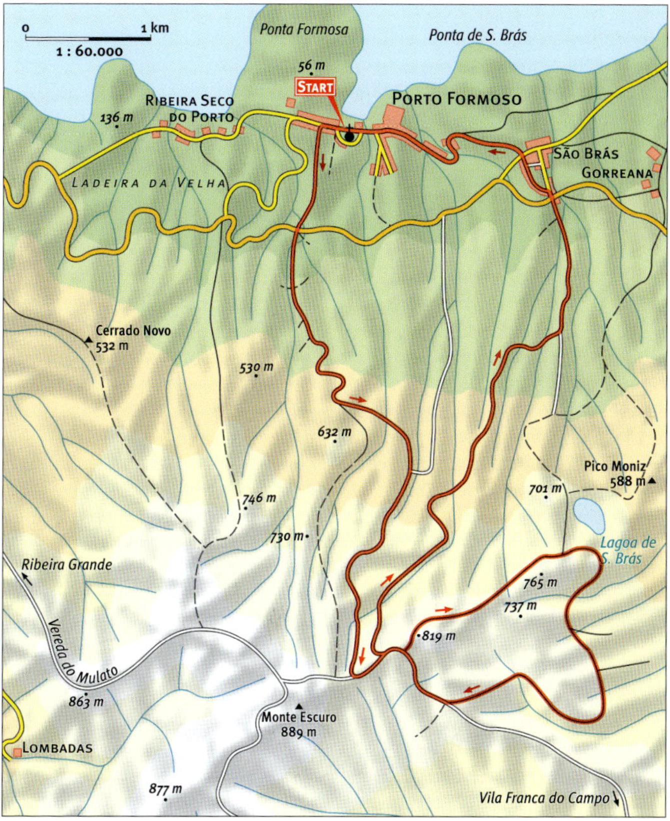

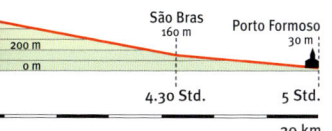

dem Minimercado von Carlos Teixeira der Canada do Mate nach links den Hang hoch ab. Der Weg ist anfänglich noch mit Steinen gepflastert, geht aber etwas höher in einen sandigen Fahrweg über. Zwischen Feldern und Wiesen, die im Gegensatz zu vielen anderen Inseln des Archipels auf São Miguel meistens mit Bambus – statt der üblichen Hortensienhecken – umsäumt sind, führt er bequem zur Inselhauptstraße EN1-1a hinauf.

Zu beiden Seiten ergeben sich Ausblicke über die landschaftlich reizvolle Nordostküste mit ihren Landvorsprüngen. Weithin sichtbar ist dabei der kleine Ort São Brás und seine Kirche mit der roten Spitze, die linker Hand die gleichnamige Landspitze krönen. Wir kreuzen die Inselhauptstraße. Auf der anderen Seite folgen wir dem rechten roten, sandigen Fahrweg, der in einen dichten Mischwald hineinläuft. Orographisch rechts von einem Bach steigen wir in zahlreichen Windungen und Kehren mal steil, dann wieder bequem bergauf. Je höher wir kommen, desto tiefer hat sich der Bach in den Hang hineingegraben.

Stets auf dem breiten Hauptweg bleiben. Sobald er den Wald verlässt, entfernt er sich immer mehr von dem Bacheinschnitt und klettert weiter zwischen Weiden und Hortensienhecken bergauf. Immer wieder sehen wir von Hunden bewachte Melkmaschinen. Jeweils morgens und abends kommt dann der Besitzer zum Melken aus dem Dorf hoch in die Berge. Oft werden die Milchkannen auf Pferden und Mauleseln transportiert. Wer die Möglichkeit hat, nimmt den Pick-up.

Unterhalb eines dichten Mischwaldes knickt der Weg nach links ab. Ein kleiner Bacheinschnitt wird passiert, der im dichten Unterholz kaum noch auszumachen ist. Wenig später stoßen wir auf einen weiteren Bachlauf in einem Wäldchen aus Japanischen Sicheltannen. Eine Brücke führt hinüber. Wir lassen diese jedoch links liegen und steigen am Waldrand entlang orographisch links des Baches weiter steil auf. Es dauert nicht lange und wir erreichen die Baumgrenze. Zurückgeschaut, ergibt sich eine schöne Aussicht auf die Orte tief unten an der Küste: Porto Formoso, São Brás, Gorreana und Maia. Nur noch einsames, karges Weideland liegt vor uns. Die Hänge sind hier oben sanft geneigt und bilden eine kleine Hochfläche. Dahinter erhebt sich der Gipfel des Monte Escuro. Der spitze Vulkankegel ist leicht zu erkennen. Er ist die höchste Erhebung in der Umge-

bung. Die Orientierung fällt nun leicht. Wir brauchen nur dem sandigen Fahrweg zu folgen, der bergauf darauf zuläuft.

Nahe des **Monte Escuro** (2 Std.) stoßen wir auf die Verbindungsstraße zwischen Ribeira Grande und Vila Franca do Campo auf der anderen Inselseite. Nach rechts führt ein kurzer Marsch hinauf zum halb offenen Krater. Doch eine Grube auf der einen Seite hat schon viel von seinem Charme zerstört. Nach links laufen wir sanft abwärts auf die nächste Bergkuppe zu. Kurz davor schwenkt die breite Sandstraße nach rechts auf den Sattel der Erhebungen. Dort zweigt nach links ein breiter Grasweg ab. Wir folgen ihm links um die Kuppe herum. Er entpuppt sich als fantastischer Höhenweg, der den Bergkamm zwischen dem Monte Escuro und Pico Moniz umläuft. Alle Abzweigungen nach links bleiben unberücksichtigt.

Die Nordostküste lässt sich bis Achada überblicken. Vor uns dominieren hohe Gebirgsketten den Inselosten. Tiefe Schluchten wurden durch die Bäche im Laufe von Jahrtausenden geschaffen, die oft unüberwindliche Hindernisse darstellen. Wegen ihrer Abgelegenheit heißt die östliche Inselhälfte auch Decima Ilha (dt. die zehnte Insel). Sicheltannen und auch viel der ursprünglichen Vegetation wie Zedern, Wacholder und Baumheide konnten sich fast ungehindert ausbreiten. Auch seltene Vogelarten wie der endemische Pirol fanden hier einen Lebensraum.

Im äußersten Osten erhebt sich der Pico da Vara (1 103m), der höchste Berg São Miguels. Die nächst höheren sind der Salto do Cavalo, der Pico Gafanhoto, der Achada das Furnas und der Monte Escuro. Nahe der **Lagoa São Brás** (2.40 Std.)

schwenkt der Weg unmerklich am Hang entlang auf die andere Inselseite. Nun können wir die Südküste um Vila Franca do Campo zwischen den beiden Vulkanen Fogo und Furnas überblicken. Unter uns in der Tiefe fallen mehrere Vulkankrater mit ihren tiefblauen Kraterseen auf, wobei die Lagoa do Congro die größte ist. Schließlich treffen wir wieder auf die **Verbindungsstraße zwischen Ribeira Grande und Vila Franca do Campo** (3.20 Std.) unweit des Sattels.

Wir wenden uns nach rechts, queren den Sattel und gehen bis zur Kurve zurück. Dort zweigt nach rechts ein sandiger Fahrweg ab. Er schlängelt sich in etlichen Kurven zwischen Weiden und kleinen Wäldchen wieder zur Küste hinab. Steile Passagen wechseln sich mit bequemen ab. Immer an Abzweigen dem breiten Hauptweg geradeaus weiter bergab folgen. Mehrere Bachläufe werden dabei überquert. Unterwegs eröffnen sich immer wieder schöne Aussichten nach rechts über die Nordostküste bis Achada. Ein ungewöhnliches Erscheinungsbild sind dabei die gleichmäßig gestutzten Reihen der Teeplantage in Gorreana.

Bei den ersten Häusern von **São Brás** (4.30 Std.) geht der Fahrweg in eine Asphaltstraße über und mündet in die Inselhauptstraße. Wir überqueren diese und wählen die gepflasterte Steinstraße nach links nach São Brás hinein. In der Dorfmitte gabelt sich der Weg. Erneut gehen wir nach links. Bequem bergab gelangen wir schnell zur nächsten Gabelung, wo wir uns nach rechts wenden. Nun geht es auf der immer steiler werdenden Steinstraße immer geradeaus weiter durch die kleine Ortschaft hindurch. Hinter den letzten Häusern knickt die Straße nach links ab und unten am Hang sehen wir schon **Porto Formoso** liegen, dessen Kirche – und damit unseren Ausgangspunkt – wir in ca. 20 Minuten erreichen (5 Std.).

Teeplantagen auf São Miguel

Die Teeplantage in Gorreana ist die letzte der 62 Teefabriken an der Nordküste São Miguels. 1883 wurde auf den Plantações de Chá Gorreana das erste Kilo gepflückt. Heute werden rund 35–40 Tonnen produziert. Fast alles wird auf den Inseln verkauft. Als die Orangenplantagen Ende des 18. Jh. durch Pilzbefall zerstört wurden, bauten sich die Insulaner nach verschiedenen Versuchen Ende des 19. Jh. erfolgreich einen neuen Handel mit Tee auf. Doch während des 2. Weltkrieges waren die Schiffsverbindungen in die Abnehmerländer unterbrochen. Der Teehandel war damit blockiert und brach völlig zusammen.

Die Teeplantage Gorreana

Tour 4

Zu den heißen Quellen

In das Tal von Lombadas

Von Ribeira Grande aus erwandern wir das herrliche Naturtal von Lombadas. Auf halber Strecke bietet sich eine Pause in der ehemaligen Bade- und Kuranlage Caldeiras – einem verträumten, stillen Plätzchen – an.

DIE WANDERUNG IN KÜRZE

++
Anspruch

Charakter: Mittelschwer aufgrund des lang gezogenen Anstiegs von 450 m auf Fahr- und Feldwegen

6 Std.
Gehzeit

Wanderkarten: Ilha de S. Miguel (E) und (W), 1:50 000

22 km
Länge

Einkehrmöglichkeiten: In Ribeira Grande, Bar-Restaurante Caldeira in Caldeiras nur in der Hochsaison im Sommer geöffnet

Anfahrt: Von Ponta Delgada **mit dem Auto** auf der Inselhauptstraße EN 3-1a. nach Ribeira Seca und weiter auf der EN 1-1a. nach Ribeira Grande fahren. **Mit dem Bus** in Ponta Delgada beim Touristenbüro an der Hafenpromenade mehrmals tägl. nach Ribeira Grande und zurück. Info: Turismo São Miguel, Avenida Infante Dom Henrique, 9500 Ponta Delgada, Mo–Fr. 9.00 bis 17.30 Uhr

Hinweise: Bademöglichkeit im Thermalbad von Caldeiras. Geöffnet Juni bis September tägl. 8.30 bis 17.00 Uhr

---

Ausgangspunkt der Tour ist der Rathausplatz in **Ribeira Grande.** Wir kehren dem Rathaus den Rücken zu, überqueren die Hauptstraße und biegen in die Rua do Espírito ein. Links des Abzweigs befindet sich eine Kirche. Die Straße verläuft orographisch rechts vom Fluss Ribeira Grande. Nicht weit entfernt gabelt sie sich. Dort links halten. Kurz danach kommen wir an eine Kreuzung. Geradeaus weiter folgen wir der Fahrstraße orographisch rechts von einem kanalisierten Seitenarm der Ribeira Grande. Alle Abzweigungen bleiben zunächst unberücksichtigt.

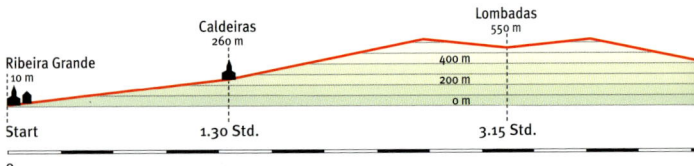

Bald lassen wir die letzten Häuser von Ribeira Grande hinter uns zurück und die Fahrstraße geht in einen sandigen Fahrweg über. Dieser führt rechts um den Vulkankegel Freya herum, schneidet einen anderen kleineren links an und kreuzt langsam ansteigend einen schmalen Bachlauf.

Beiderseits des Weges passieren wir mehrere Sandgruben. Die meisten wurden jedoch aufgeben. Immer weiter steigen wir bequem stets geradeaus auf. Schließlich öffnet sich die hohe Böschung und gibt den Blick nach rechts frei in die Tiefe auf das Flusstal der Ribeira Grande. Vor uns erhebt sich die Bergkette des Inselostens vom Barrosa rechts über den Monte Escuro bis hin zum Massiv Planalto dos Graminhais mit dem äußerst links liegenden Pico da Vara. Ein paar Meter weiter stehen wir an einer Weggabelung. Nach rechts steigen wir weiter oberhalb des Taleinschnitts der Ribeira Grande auf. Hier oben zwischen den Weiden und Feldern erwartet uns ein wahres Gewirr an Wegen. Hilfsbereite Bauern erklären uns die Wegstrecke, falls wir die Orientierung verloren haben sollten. Und: Solange man nicht in das Tal der Ribeira Grande absteigt, mündet jeder Weg früher oder später auf der Straße nach Caldeiras.

Am nächsten Abzweig geradeaus gehen und dann links abbiegen. Anschließend noch einmal geradeaus und bei der letzten Gabelung nach rechts orientieren, wo wir letztendlich auf eine gepflasterte Straße treffen. Sie windet sich durch eine enge, dick mit Moos und Farnen bewachsene Schlucht bequem zur Kur- und Badeanlage **Caldeiras** (1.30 Std.) aus dem Jahre 1811 hinauf.

Sie zeichnet sich hauptsächlich durch seine Ruhe und Überschaubarkeit aus. Die wenigen Häuser liegen in einem idyllischen kleinen Tal mit gepflegten Gärten. Oben am Hang wacht eine kleine Kirche über den kleinen verschlafenen Ort. Unterhalb des Gotteshauses sprudelt eine heiße Quelle. In einem Becken am Dorfplatz wird heißes Schwefelwasser aufgefangen. Es stammt vom Vulkankomplex des Fogos, der die Inselmitte dominiert. Die drei jüngsten Vulkane der Insel – Fogo, Furnas, und Sete Cidades – sind bis heute nicht vollständig erloschen, obwohl der letzte Ausbruch schon fast 500 Jahre zurückliegt. Mittlerweile sind durch Veränderungen im Untergrund die Temperaturen so gestiegen, dass das Wasser zu heiß zum Baden geworden ist.

Vom Platz aus gehen wir ein Stück auf der Straße zurück. Rasch erreichen wir den Abzweig nach links, wo das Tal von Lombadas ausgeschildert ist. Über eine S-Kurve schwingt sich die Asphaltstraße aus dem kleinen Tal und knickt dann zu den Bergen hoch ab. Wenig später verengt sie sich zu einer alten, gepflasterten Steinstraße. Schnurgerade zieht sie sich zwischen Weiden

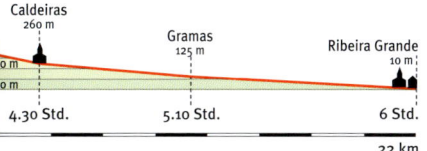

Caldeiras
260 m

Gramas
125 m

Ribeira Grande
10 m

4.30 Std.   5.10 Std.   6 Std.

22 km

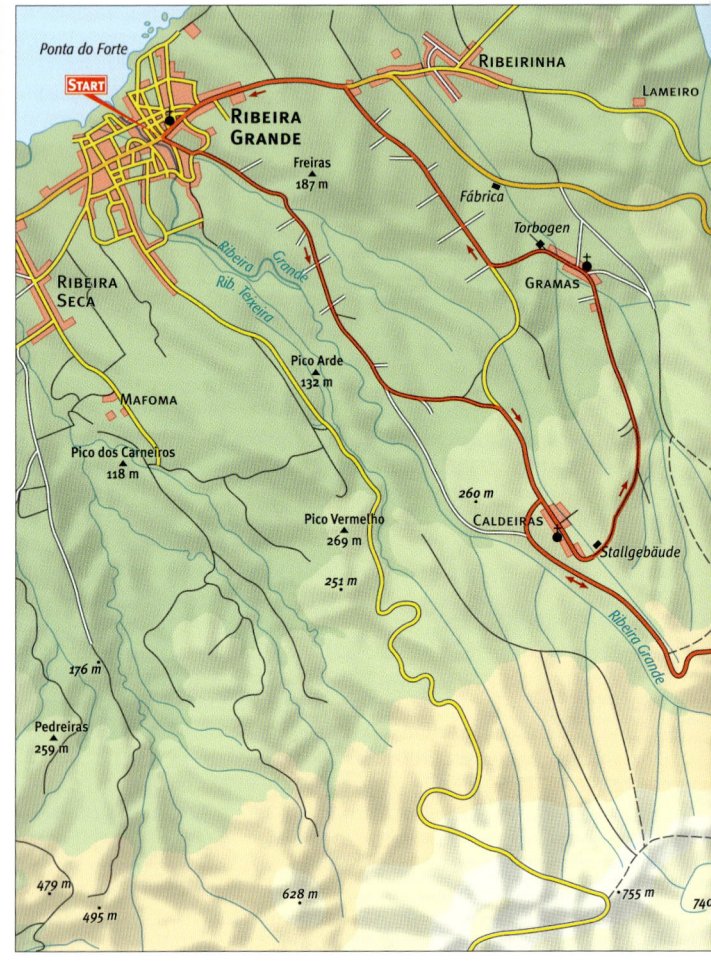

den sanft geneigten Hang hoch und verschwindet weiter oben im Wald.

Dort schlängelt sie sich dann orographisch rechts vom beeindruckenden Tobel der Ribeira Grande einen Bergrücken des Massivs Vereda do Mulato hoch. Auf dem letzten Stück gewinnen wir über mehrere Kehren rasch an Höhe. Anschließend laufen wir weit oberhalb des Talbodens auf gleicher Höhe am Hang entlang.

Nach einem kurzen Marsch zweigt die Straße zum Monte Escuro nach links ab. Geradeaus weiter gelangen wir in eine seltsam zerfurchte Bergwelt. Sie besteht aus unzähligen Schluchten, bizarren Felsgraten, rauschenden Bächen und tosenden Wasserfällen. Nach rechts über die niedrigeren Gipfel hinweg, können wir über die mit Vulkankegeln übersäte Inselmitte bis zu der Caldeira

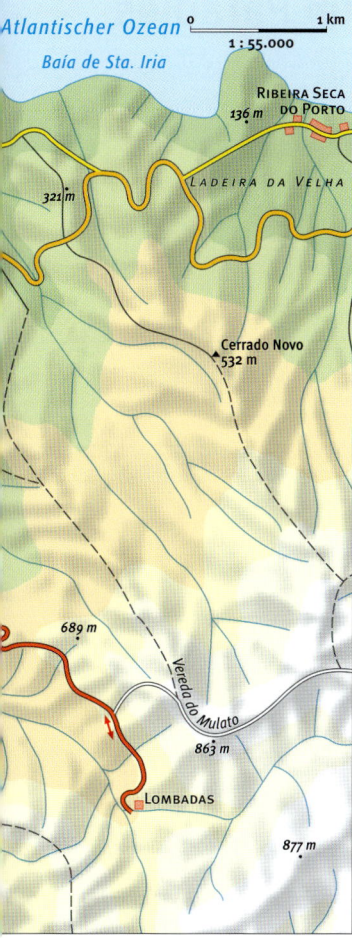

von Sete Cidades am Horizont blicken. In steilen Serpentinen geht es schließlich rasant nach **Lombadas** (3.15 Std.) hinab.

Lombadas, das sind eigentlich nur zwei verwahrloste Gebäude, in denen seit 1897 das Agua Mineral Carbo-Gasosa das Lombadas abgefüllt wurde. Um die Jahrhundertwende wurde das Mineralwasser sogar bis Lissabon exportiert. Bis zu 17 000 Li-

ter sprudeln pro Stunde aus der Quelle. Ein Besuch lohnt in jedem Fall. Das schmale Tal bezaubert mit seiner wilden Naturschönheit, das auf der einen Seite von der Caldeira des Vulkans Fogo und auf der anderen vom Monte Escuro begrenzt wird.

Auf dem gleichen Weg geht es zurück bis zum Dorfplatz von **Caldeiras** (4.30 Std.). Von dort steigen wir auf dem betonierten Fahrweg, der an der Kirche vorbei führt, steil zu einem Stallgebäude auf. Rechter Hand davon folgen wir einer Fahrspur, die über einen Hügelrücken in einem weiten Bogen auf ein Wäldchen zuläuft. Sobald der Weg sich sanft absenkt, wird er immer deutlicher. Mehrere Feldwege stoßen von rechts kommend dazu. Wir orientieren uns stets nach links. Leicht absteigend schlängelt sich der Weg durch das Weideland. Mal offen, dann wieder als Hohlweg durch hohe Erdwände umsäumt. Eine Brücke ist noch zu überqueren und wir stehen mitten in der kleine Siedlung **Gramas** (5.10 Std.).

An den nächsten zwei Wegverzweigungen wandern wir nach links und verlassen den Ort wieder über ein Brücke. An der folgenden Gabelung den Weg nach rechts durch einen Torbogen ignorieren und ebenfalls auf dem sandigen Fahrweg nach links gehen. Kurz darauf erreichen wir die gepflasterte Steinstraße nach Caldeiras, auf der wir bergab in Richtung Küste abbiegen. Unten in der geschäftigen Ortschaft Ribeirinhas folgen wir der Inselhauptstraße EN 1-1a nach links bis zum Rathausplatz in **Ribeira Grande** (6 Std.).

Tour 5

Zur Hölle mitten im Paradies

Von Furnas um die Lagoa das Furnas

Die Idylle in dem Talkessel von Furnas trügt. Allerorten zischt und brodelt es, selbst unter den grünen Wassern der Lagoa das Furnas. Nirgendwo sonst wird es so deutlich wie hier, dass die Inseln vulkanischen Ursprungs sind.

DIE WANDERUNG IN KÜRZE

+
Anspruch

Charakter: Einfache Wanderung auf Feld- und Waldwegen, Pfaden und Fahrstraßen

2.15 Std.
Gehzeit

Wanderkarte: Ilha de S. Miguel (E), 1:50 000

Einkehrmöglichkeiten: Cafés, Restaurants und Läden in Furnas

9 km
Länge

Anfahrt: Von Ponta Delgada **mit dem Auto** auf der Inselhauptstraße EN 1-1a. zunächst nach Vila Franca do Campo fahren und dann der Ausschilderung nach Furnas folgen. **Mit dem Bus** in Ponta Delgada beim Touristenbüro an der Hafenpromenade zweimal tägl. nach Furnas und zurück. Info: Turismo São Miguel, Avenida Infante Dom Henrique, 9500 Ponta Delgada

Hinweise: Nach längeren Regenfällen kann ein Teil der Wanderstrecke durch übergetretene Bäche unpassierbar sein! Bademöglichkeit im 38°C warmen Freischwimmbecken des Thermalbades im Parque Terra Nostra

---

Ausgangspunkt der Tour ist die Kirche in **Furnas.** Die Rua Maria Eugenia Monis Ribeira führt zu einem Arm der Ribeira Quente hinab. Rechter Hand steht am Bach eine schöne Wassermühle, die von einem Kunsthandwerker bewohnt wird. Geradeaus über die Brücke und durch den ge-

pflegten Ort weitergehen. Wir entdecken sowohl einfache Bauernhäuser als auch prachtvolle Herrenhäuser. Viele stammen aus der Zeit der Orangenbarone, die Ende des 18. Jh. Furnas in Mode brachten. Einen zweiten Schub erhielt das Städtchen Anfang des 20. Jh., als ihre Heilquellen

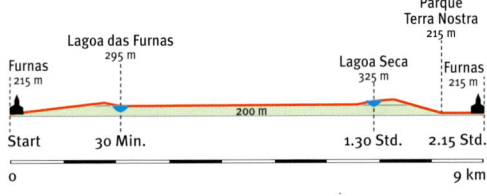

Furnas
215 m
Start

Lagoa das Furnas
295 m
30 Min.

200 m

Parque
Terra Nostra
215 m

Lagoa Seca
325 m
1.30 Std.

Furnas
215 m
2.15 Std.

0   9 km

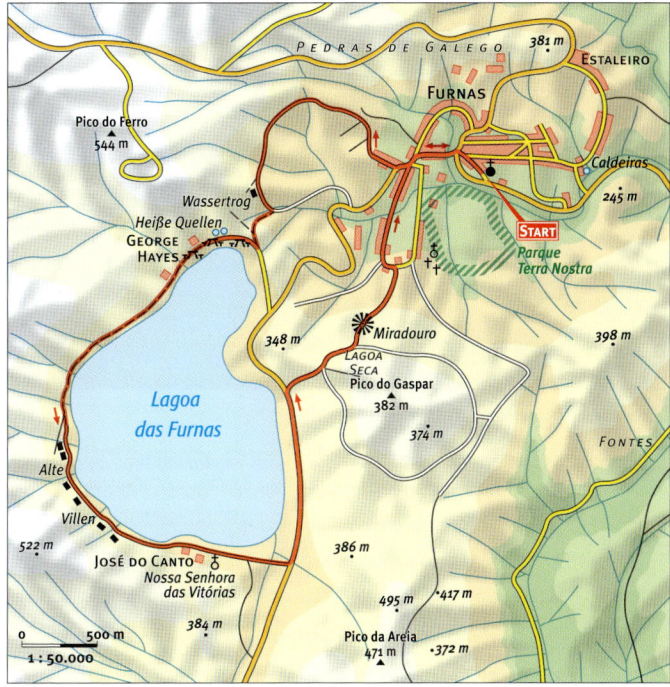

›wiederentdeckt‹ wurden und es sich zu einem mondänen Kurort entwickelte. Seit dem 2. Weltkrieg geriet Furnas etwas in Vergessenheit und steht nun eher für Beschaulichkeit.

Am noblen Kurhotel Terra Nostra aus dem Jahre 1935 vorbei gelangen wir an ein Wege-T. Wir müssen nicht weit nach links laufen, bis auch schon vor dem Teatro Val Formoso am Ortsausgang die Hauptstraße nach Ponta Delgada und Vila Franca do Campo nach rechts den Hang hoch abzweigt. Erneut sind es nur ein paar Meter, bis sie nach links abbiegt. Wir verlassen jedoch die Hauptstraße in der Kurve und steigen geradeaus auf einem betonierten Fahrweg auf. Dieser wird auf seiner linken Seite von hübschen, kleinen Häuschen flankiert, während

sich rechts hinter hohen quadratisch angelegten Hecken Orangenbäume verbergen. Hinter den letzten Häusern wird der Weg steiler. Je höher wir kommen, desto schöner gestaltet sich die Aussicht nach rechts auf Furnas. Es liegt eingebettet in einem grünen Talkessel umgeben von 300 m hohen bewaldeten Hängen. 6 km misst der riesige eingestürzte Vulkankrater im Durchmesser. Unser nächstes Ziel ist die 80 m höher gelegene Caldera, die den See Lagoa das Furnas beherbergt.

Sobald der Weg etwas abflacht, geht er in einen sandigen Fahrweg über und schlängelt sich am Waldrand entlang in ein kleines Hochtal am Fuße der Kraterwand. Zwei Abzweigungen nach links werden nicht beachtet. Bei einem Wassertrog

Vergangene Pracht in exotischen Gärten am Lagoa das Furnas

schwenkt der Hauptweg nach links ab. Wir folgen ihm noch einen Augenblick. Am Ende der weiten Kehre führt uns ein breiter, steiler Pfad auf einen bewaldeten Bergrücken. Dieser fungiert als eine Art Schwelle zwischen dem See und dem tiefer gelegen Tal der Ribeira do Fojo. Der Pfad ist arg zerfurcht und dürfte bei Regen recht matschig sein. Oben im Wald stoßen wir auf einen quer verlaufenden Waldweg, der nach links über loses Lavageröll steil zum **Lagoa das Furnas** (30 Min.) abfällt. Auf der Asphaltstraße am Seeufer wenden wir uns nach rechts. Je näher wir den Dampfsäulen im Nordwesten des Sees kommen, desto penetranter wird der Schwefelgeruch.

Fumarolen und Solfataren fauchen und zischen hier um die Wette. Daneben blubbern Schlammtöpfe. In den kesselförmigen Vertiefungen wird der blaugraue Brei aus Erde und heißem Wasser durch aufsteigende Dämpfe ständig zum Überkochen gebracht. Gelbe Schwefelkrusten haben sich in der Nähe abgelagert. Weiße Ablagerungen werden indes durch Kieselsäure, braune und rote durch Eisenverbindungen erzeugt.

So heiß ist der Boden, dass er sich zum Kochen eignet. Am Wochenende nutzen die einheimischen Familien die Erdwärme, um den traditionellen ›cozido nas caldeiras das Furnas‹ zu bereiten. Der Eintopf aus Fleisch und Gemüse wird in einem verschlossenen Topf in ein 1–2 m tiefes Loch versenkt und wieder mit Erde abgedeckt. Nach mehreren Stunden ist das Sonntagsessen dann fertig.

Vom Geothermalgebiet wandern wir weiter am Seeufer entlang durch die Picknickanlagen und kreuzen an deren Ende ein gerölliges Bachbett (Achtung: Nach langen Regenperioden kann dieses Wegstück unpassierbar sein!). Dahinter setzt sich die Wanderung auf einem urtümlichen Waldpfad ein paar Meter oberhalb des Seespiegels fort. Regelmäßig wird der Weg gerodet, ansonsten hätte vor allem der wilde Ingwer die Strecke längst zugewuchert. Rechter Hand ragt fast unmittelbar die steile, dicht bewaldete Felswand auf.

Schließlich erscheint vor uns zwischen den Nadelbäumen ein Anwesen. Der Hauptpfad biegt nach links hinter einem grünen Eisengatter zum See ab. Wenig später queren wir nach rechts ein Bachbett und laufen durch ein Bambuswäldchen weiter. Der Weg weitet sich zu einer Sandstraße, die entlang des Sees an prächtigen alten Villen mit fantastischen Gartenanlagen vorbeiführt. Kurz verschwindet sie in einem dschungelartigen Mischwald mit Palmbäumen und streift dahinter die kleine neugotische Kapelle Nossa Senhora das Vitórias. 1884 errichtete sie der angesehene Geschäftsmann José do Canto auf seinem Grundstück aufgrund eines Gelübdes, das er für die Genesung seiner schwer kranken Frau leistete.

Am Südostende des Sees wenden wir uns auf der Inselhauptstraße EN 1-1a. nach links. Mit Blick auf den See reihen sich rechts der gepflasterten Straße die eleganten Sommerdomizile angesehener Bürger der Insel aneinander. Wo sich der Lagoa das Furnas verengt, steigen wir nach rechts durch einen Einschnitt im Hügelrücken hoch zur **Lagoa Seca** (dt. trockener See; 1.30 Std.). In der Mitte der fast vollständig landwirtschaftlich genutzten kreisrunden Caldeira thront der Vulkankegel Pico do Gaspar. An den nächsten zwei Wegverzweigungen halten wir uns links bzw. geradeaus. Eine Fahrstraße führt uns steil zum Miradouro Pico Domilho auf den Kraterrand hinauf. Er bietet eine grandiose Aussicht zurück auf die Lagoa Seca und nach vorne über das paradiesische Tal von Furnas. Zahlreiche aufsteigende Dampfschwaden verraten, dass es auch hier unter der Erde kocht und brodelt. Insgesamt 22 heiße Quellen dringen in dem Kessel an die Oberfläche. Die größte ist die 99 Grad heiße Caldeira Grande in dem Geothermalgebiet Caldeiras am Ostende von Furnas. Das mineralhaltige Wasser wird zu den Thermen geleitet.

Steil stürzt sich die Fahrstraße vom Kraterrand nach Furnas hinab. Am Wege-T im Ort gehen wir nach links weiter. Kurz danach knickt die Straße nach rechts. Ein ebenfalls von heißen Quellen gespeister orangefarbener Flussarm der Riberia Quente wird überquert. Immer geradeaus orientieren bis nach rechts die Rua do Parque zum **Parque Terra Nostra** (2 Std.) abzweigt. Geradeaus weiter an dieser Abzweigung vorbei gelangen wir beim Teatro Val Formoso wieder an den Anfang der Tour und von dort zur Kirche in **Furnas** (2.15 Std.). Lohnenswert ist noch ein kurzer Abstecher über die Rua Doctor Frederico Moniz links der Kirche zu den heißen Quellen von Caldeiras.

Parque Terra Nostra

Der Parque Terra Nostra ist einer der schönsten Parkanlagen der Azoren. Seine Geschichte begann 1770, als der amerikanische Vizekonsul und ›Orangenbaron‹ Thomas Hickling aus Boston im Tal von Furnas Grund erwarb, um dort ein Sommerhaus zu errichten. Um das Haus siedelte er eingeführte Bäume und Pflanzen an. Andere wohlhabende Geschäftsleute folgten seinem Beispiel. Es entbrannte ein rechter Wettstreit um den prächtigsten Garten. So gelangten Pflanzen aus allen Teilen der Welt in die Gärten von Furnas. 1848 übernahm der Visconde da Praia das Anwesen. Die adlige Familie da Praia baute den Park zu seiner heutigen Größe aus, legte die Wasserläufe an und errichte die anmutige Villa Casa do Parque oberhalb des Schwimmbeckens. 1936 erwarb die Gesellschaft Terra Nostra das Gelände und machte es der Öffentlichkeit zugänglich.

Tour 6

Auf den sieben Hügeln

Von Povoação über die Lombas

Im Osten São Miguels liegt der Küstenort Povoação, der wie einst Rom auf sieben Hügelrücken (port. *lomba*) erbaut worden ist. Sie erstrecken sich bis weit ins Inselinnere. Hohe, abweisende Bergketten umschließen sie.

DIE WANDERUNG IN KÜRZE	
++ Anspruch	**Charakter:** Mittelschwer aufgrund des Anstiegs von 380 m und einer Furt. Der Anstieg ist zu Beginn steil und zieht sich dann hin
2.30 Std. Gehzeit	**Wanderkarte:** Ilha de S. Miguel (E), 1:50 000
9 km Länge	**Einkehrmöglichkeiten:** Bar und Laden in Lomba Loução, Cafés, Restaurants, Läden im Zentrum von Povoação
	Anfahrt: Von Ponta Delgada **mit dem Auto** auf der Inselhauptstraße EN 1-1a.

zunächst nach Vila Franca do Campo fahren und weiter über Furnas nach Povoação. **Mit dem Bus** in Ponta Delgada beim Touristenbüro an der Hafenpromenade mehrmals tägl. werktags nach Povoação und zurück, am Wochenende zweimal tägl. Info: Turismo São Miguel, Avenida Infante Dom Henrique, 9500 Ponta Delgada

Hinweise: Bademöglichkeit am Strand in Povoação.

Vom Platz im Zentrum von **Povoação,** dem Largo do Jardim, folgen wir der Hauptstraße in Richtung Furnas/Ribeira Quente. Nahe der Strandpromenade biegt die Straße nach rechts ab und steigt bequem an. Linker Hand blicken wir auf die Dächer des alten Stadtkerns. Povoação ist die älteste Siedlung der Insel São Miguel. Einer Legende nach banden die ersten Siedler im 15. Jh. in der Bucht einen Ziegenbock an einen Baumstamm. Als dieser nach einigen Tagen immer noch lebte, wussten sie, dass keine Gefahr durch Ungeheuer oder wilde Tiere bestand und ließen sich beruhigt nieder.

An der nächsten Kreuzung führt eine Fahrstraße nach links hinab zu der Kirche Nossa Senhora de Rosário. Sie gehört zu den ältesten Gebäuden der Stadt und gilt als ein typisches

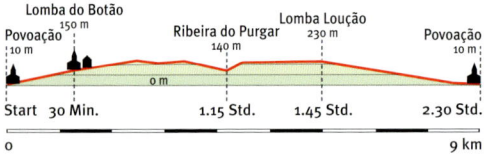

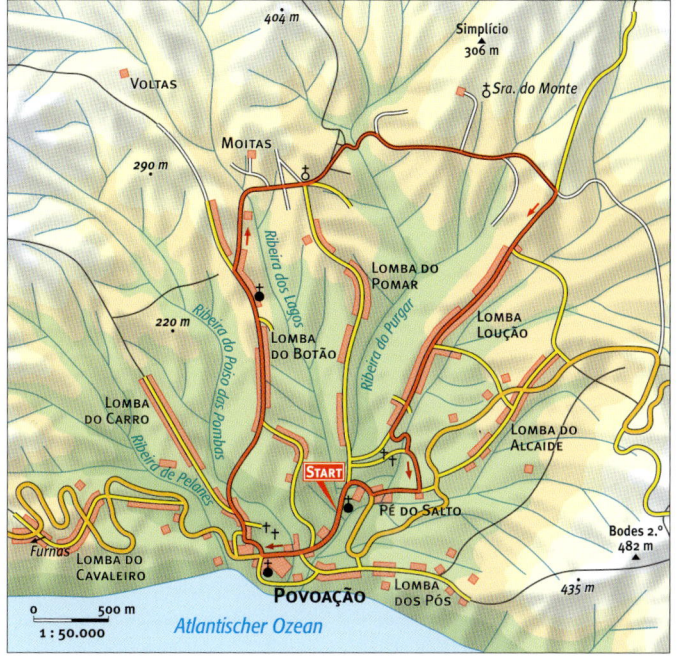

Beispiel für die azoreanische Kirchenarchitektur. Kein Gebäude lässt sich allerdings weiter zurückdatieren als 1630. Denn am 2. September des Jahres brach der Vulkan in der Furnas Caldeira aus. Das dadurch ausgelöste heftige Erdbeben ließ keinen Stein auf dem anderen und zerstörte Povoação völlig. Beeindruckend ist die Kirche auch wegen ihrer Lage. Sie blickt auf den ›Vorort‹ Lomba do Cavaleiro, der sich 200 m über dem Meer an den schroff abfallenden Hügelrücken schmiegt. Vom Atlantik ist das Gotteshaus nur durch die Fahrstraße getrennt. Und wütet ein Sturm, so klopfen die Wellen donnernd an das ›heilige Tor‹.

Von der Kreuzung an der Hauptstraße steigen wir dann nach rechts steil auf einer schmalen Betonstraße den Hügelrücken Lomba do Carro

hoch. Sie mündet in eine Asphaltstraße, auf der wir nach rechts weitergehen. An der folgenden Wegverzweigung geradeaus weiter bergauf gehen. Bald wird die Straße zwischen den Häusern flacher. Vom Ortszentrum an der Küste setzt sich Povoação ins Inselinnere auf insgesamt sieben lang gezogenen Hügelrücken, den Lombas, fort. Kurz danach wechseln wir nach rechts durch den steilen Einschnitt der Ribeira do Poiso das Pombas auf den benachbarten Hügelrücken **Lomba do Botão** (30 Min.).

In mehreren Absätzen steigt die Straße zwischen den kleinen Häuschen an. Hier empfängt uns dörfliche Idylle. Vor den Türen stehen die Milchkannen zum Trocknen. Die Türen und Fensterrahmen strahlen in frischen kunterbunten Farben. An den Hauswänden sorgen religiöse Bilder aus *azulejos* (siehe Tour 24) für den Schutz der Hausbewohner.

Je höher wir kommen, desto besser wird die Aussicht über den Talkessel, die sieben Lombas und die abweisenden Berge am Talschluss. Nachdem wir die Kirche passiert haben, öffnet sich die Häuserzeile und nach rechts schlängelt sich ein betonierter Fahrweg in die Schlucht der Ribeira dos Lagos hinab. Die alte Brücke wurde beim letzten Unwetter zerstört. Über die neue Brücke gelangen wir wieder aus der Schlucht hinaus. Eine sandiger Fahrweg führt uns am Fuße der Berge entlang durch Weideland. Wir halten uns geradeaus, bis wir bei einer Kapelle am Straßenrand auf eine Wegespinne treffen. Nach rechts geht es hinab nach Lomba do Pomar. Nach links zweigen zwei Feldwege vom breiten Hauptweg ab. Wir wählen denjenigen, der auf den großen Taleinschnitt der Ribeira do Purgar zuläuft. Wenig später gabelt sich der Weg. Der rechte, schmalere Feldweg führt in einen Hohlweg hinab. Dort erneut nach rechts in die Schlucht der **Ribeira do Purgar** (1.15 Std.) steil absteigen.

›Purgar‹ bedeutet ›abführen‹ und sobald wir den an dieser Stelle breiten Grund der Schlucht durchqueren, wird uns klar warum. Ihr Boden ist komplett mit Geröll bedeckt. Kaum zu glauben, dass der nun so ruhig dahinplätschernde Bach all die Gesteinsmassen mit sich gerissen haben soll. Die Schlucht ist die wildeste und größte auf dieser Seite des Bergkammes Planalto dos Graminhais, dessen 1 103 m hoher Pico da Vara den höchsten Gipfel der Insel bildet. Direkt gegenüber auf der anderen Seite setzt sich der Weg fort. Zunächst ist jedoch noch eine geeignete Stelle zum Durchwaten zu finden. Wenn der Fluss nicht viel Wasser führt, lässt er sich eventuell auch von Stein zu Stein überspringen.

Ein von kleinen Rinnsalen stark zerfurchter sandiger Fahrweg klettert durch dichten Mischwald steil wieder aus der Schlucht heraus. Oben wenden wir uns an einem Wege-T nach rechts einer wunderschönen Platanenallee zu. Vereinzelte Gehöfte passen sich harmonisch in das sanft wellige Weideland ein. Zur Küste hinab ergeben sich herrliche Aussichten über die Lombas. Wir bleiben auf der roten Sandstraße bis zu einer Kreuzung. Dort biegen wir nach rechts auf die Asphaltstraße zum nahen **Lomba Loução** (1.45 Std.) ab. Alle folgenden Abzweigungen nicht beachten. Scheinbar endlos zieht sich das Straßendorf über den Hügelrücken hinab.

Ein Teil seines Charmes liegt auch in seiner typischen Anordnung. Dicht drängen sich die hübschen Häuschen am Straßenrand auf dem schmalen Rücken zusammen. Kaum erlauben sie fremde Blicke in den wohl gehüteten Familienbesitz. Denn hinter den Häuserfassaden verbergen sich winzig kleine Parzellen mit Obst- und Gemüsegärten, Maisfelder im Taschenformat oder kleine Kartoffeläcker, denen wegen Platzmangels nur die Hügelflanken blieben.

Schließlich stehen wir oberhalb des Zentrums von Povoação. Geradeaus windet sich ein für Autos gesperrter Weg steil den Hügelrücken hinab. Am folgenden Wege-T nach links gehen. Danach überqueren wir eine beeindruckende Klamm und steigen kurz vor dem ersten Haus auf einem betonierten Fahrweg steil zur Hauptstraße ab. Dort wenden wir uns nach rechts, überqueren die Ribeira do Purgar und erreichen den Platz in **Povoação** (2.30 Std.).

Am geheimnisvollen Feuersee

Von Praia hoch zur Lagoa do Fogo

Die Lagoa do Fogo zählt zu den schönsten Kraterseen der Azoren. Keiner ist so schillernd grün, keiner hat so blendend weiße Strände und keiner so herrlich bewaldete Kraterwände. Das grandiose Farbenspiel lässt einem schier den Atem stocken.

DIE WANDERUNG IN KÜRZE

++
Anspruch

4 Std.
Gehzeit

14 km
Länge

Charakter: Mittelschwer aufgrund des lang gezogenen Anstiegs von 630 m zur Lagoa do Fogo. Die Tour verläuft größtenteils auf sandigen Fahrwegen, streckenweise beim Abstieg auf einem Pfad entlang eines Wasserkanals.

Wanderkarte: Ilha de S. Miguel (E), 1:50 000

Einkehrmöglichkeiten: Bar, Café in Ágau de Alto; unterwegs keine

Anfahrt: Von Ponta Delgada **mit dem Auto** auf der Inselhauptstraße auf der EN 1-1a. in Richtung Vila Franca do Campo nach Água de Alto fahren. **Mit dem Bus** in Ponta Delgada beim Touristenbüro an der Hafenpromenade mehrmals tägl. nach Água de Alto und zurück fahren. Über Água de Alto verkehrt die Linie nach Vila Franca do Campo. Info: Turismo São Miguel, Avenida Infante Dom Henrique, 9500 Ponta Delgada, Mo–Fr. 9.00 bis 17.30 Uhr

Hinweise: Bademöglichkeit am Strand in Praia

Die Tour startet in **Água de Alto** an der Inselhauptstraße EN 1-1a. nahe des Ortsausgangs in Richtung Ponta Delgada. Gegenüber den Bars linker Hand befindet sich auf der anderen Straßenseite eine Bushaltestelle. Davor zweigt nach rechts ein sandiger Fahrweg den Hang hoch ab. Er ist ausgeschildert mit Lagoa do Fogo. Wir steigen auf dem breiten Hauptweg entlang einiger Häuser am rechten Wegesrand auf einen Hügelrücken hinauf. Dieser trennt die Ribeira da Praia vom benachbarten Bach Grota do Barro, die sich beide tief in den Hang hineingegraben haben. Nicht weit hinter den letzten Häusern steht rechts eine Milchsammelstelle. Dort schwenkt der Weg nach links und durchquert einen Torbogen, über den eine Wasserrohrleitung verläuft.

Oberhalb der Schlucht der Ribeira da Praia geht es zwischen Weiden bequem weiter auf dem Hügelrücken aufwärts. Pflichtschuldigst bewachen Hunde diverse Viehunterstände mit Melkapparaturen. Vor uns sehen wir die bewaldeten südlichen Ausläufer der Serra de Água de

Pau. Ihr höchster Gipfel, der Barrosa (947 m), ist leicht an dem Sendemast zu erkennen. Links des sandigen Fahrweges kommen wir an einer Sandgrube und dann an einem Holzverarbeitungsplatz vorbei. Bis zum Anfang des 20. Jh. waren die Berge noch alle dicht bewaldet, doch vieles fiel im Holzindustrie zum Opfer. Seit den 90er Jahren des letzten Jahrhunderts werden daher verstärkt Bemühungen unternommen, die alten Bestände zu erhalten. Etliche Naturreservate und Schutzgebiete, wie auch das der Lagoa do Fogo, wurden eingerichtet. Vielerorts werden kahle Hänge – z.B. um den Monte Escuro – mit Japanischen Sicheltannen mittels EU-finanzierter Programme aufgeforstet.

Vor einem riesigen Wassertrog gelangen wir an eine Weggabelung. Dort wandern wir nach links weiter. Kurz danach ergibt sich eine schöne Aussicht in die Schlucht der Ribeira da Praia. Wenig später biegt der nun mit groben Steinen gepflasterte Weg nach links zum Bach hinab ab, während wir geradeaus dem sandigen Fahrweg bequem bergauf folgen. Hinter einem Eisengatter stoßen wir erneut auf eine Weggabelung vor einem mit Hortensien, Rosen und Azaleen umstandenen **Gehöft** (30 Min.).

Nach rechts steigt ein breiter, sandiger Fahrweg um das Anwesen herum auf. Unsere Wanderung setzt sich jedoch auf dem wesentlich schmaleren Weg fort, der nach links

leicht bergauf zwischen Azaleenbüschen im Laubwald verschwindet. Ein kleiner Bach wird gekreuzt. Am Ende einer Lichtung überspannt eine malerische Steinbrücke einen größeren Seitenarm, der ein paar Meter weiter über die Kante ins Haupttal hinabstürzt. Anschließend steigen wir in Kehren streckenweise steil zwischen den beiden Wasserläufen den Bergrücken Mato dos Lagos (dt. Teichgestrüpp) hinauf. Wo der Wald etwas zurückweicht, können wir über das offene Weidegelände im rechten, wilden Talkessel den Wasserfall der Ribeira de Água de Alto sehen. Er erhielt seinen Namen ›hohes Wasser‹ wegen seiner zahlreichen schönen Wasserfälle. Unten an der Südküste fällt uns vor allem die Felseninsel Ilhéu de Vila Franca do Campo im Meer vor der gleichnamigen Stadt auf. Der zum Land hin offene Krater ist bekannt für seine schöne Badebucht.

Zunehmend wird der Laubwald durch Baumheide abgelöst. Schließlich erreichen wir den höchsten Punkt am Südrand der Caldeira, wo der Sandweg über einen breiten Hügelrücken nach links zur **Lagoa do Fogo** (1.45 Std.) hin abfällt. Obwohl sich unten an der Küste kaum ein Lüftchen regt, kann es hier oben heftig stürmen. Je näher wir dem See kommen, desto ohrenbetäubender wird das Geschrei der Möwen, die in den imposanten Graten der zerklüfteten Kraterwand nisten.

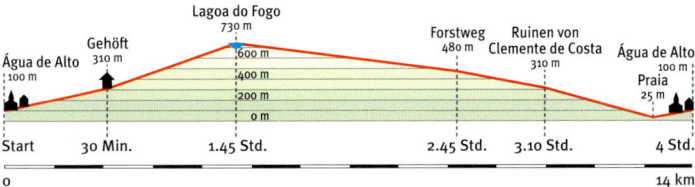

Lagoa do Fogo
730 m

Gehöft
310 m
600 m
400 m
200 m
0 m

Água de Alto
100 m

Forstweg
480 m

Ruinen von
Clemente de Costa
310 m

Água de Alto
100 m

Praia
25 m

Start   30 Min.   1.45 Std.   2.45 Std.   3.10 Std.   4 Std.

0   14 km

In einer Senke zweigt nach rechts ein Pfad zum Seeufer hinab ab. Wir halten uns weiter geradeaus, bis unterhalb des Gipfels Barrosa der Sandweg vor einer meteorologischen Mess-Station am Seeufer nach links ins Tal der Ribeira da Praia abknickt. Etwas tiefer breitet sich eine Wasserversorgungsanlage in dem engen, wilden Tal aus. Überall aus den scharfen Querrippen der Hänge führen kleine Wasserkanäle an Brunnenhäuschen vorbei zum Hauptkanal in der Talsohle. Zunächst folgen wir orographisch links, dann über eine Brücke hinüber, rechts dem Hauptkanal. Hinter einem kleinen Wehr geht es auf einem Pfad entlang eines Wasserkanals auf der orographisch rechten Talseite am steilen Hang entlang weiter. Etliche Felsvorsprünge, zahlreiche Einbuchtungen und Bäche, über die Holzplanken hinweghelfen, lassen die Strecke doppelt so lang werden. Vorsicht, manche Stellen können etwas rutschig sein!

45

Je mehr sich die Schlucht weitet, desto besser wird der Blick durch das steilwandige Tal hinab zur Südküste. Wenn der Pfad ein bis zwei Meter vom Kanal im üppig wuchernden Gebüsch abrückt, gabelt sich der Pfad. Nach links gelangen wir zu einem ein paar Meter tiefer gelegenen **Forstweg** (2.45 Std.), der hier an einem Wasserreservoir endet. Der Forstweg schlängelt sich weit oberhalb des Talbodens am Hang entlang bergab. An Abzweigungen stets geradeaus bergab orientieren. Überraschend geht der Mischwald in einen Eukalyptuswald über. Unverwechselbar ist der starke Mentholgeruch der Blätter.

Bei den Ruinen eines alten Gehöftes streift der Forstweg kurz den Waldrand. An einer Wegverzweigung wenden wir uns nach links und gelangen zu den **Ruinen von Clemente da Costa** (3.10 Std.), die – überwuchert von Blumen und Ranken – malerisch auf einer Wiese liegen. Von dort genießen wir einen fantastischen Ausblick über die Schlucht der Ribeira da Praia, die Südküste in Richtung Vila Franca do Campo und auf die umliegenden Berge. Auf demselben Weg gelangen wir zurück.

Die Eukalyptusbäume machen Japanischen Sicheltannen Platz. Kurz danach tauchen wir in einen wunderschön mit Moosen und Farnen bewachsenen Hohlweg ab, der an einem Wege-T an einem Wassertrog endet. Wir wenden uns nach links. Auch weiterhin gehen wir an Abzweigungen stets geradeaus bergab. Immer wieder umsäumen den sandigen Fahrweg hohe Erdwälle,

teilweise bis zu 10 m hoch. Zwischen Weiden, Äckern und Gemüsegärten steigen wir allmählich zur Talsohle ab. In der engen Schlucht drängen sich die wenigen Häuser von **Praia** (3.45 Std.) an die Felswände. Kurz danach stehen wir an die Inselhauptstraße EN 1-1a. Nach rechts führt die Straße zum Strand von Praia, einem der größten Sandstrände der Azoren. Nach links führt die Straße über die Ribeira da Praia, passiert einen Picknickplatz und steigt hoch nach **Água do Alto,** wo wir unseren Ausgangspunkt erreichen (4 Std.).

Die Lagoa do Fogo

Völlig einsam liegt der Kratersee Lagoa do Fogo (dt. Feuersee) hoch oben im Mittelteil São Miguels. Er ist mit 600 m ü.d.M. der höchstgelegene See der Insel. Anstelle der Caldeira erhob sich ehemals der Vulkangipfel Pico do Sapateiro. Drei Tage lang erschütterten starke Erdbeben die Insel, bis er am 2. Juni 1563 zum bisher letzten Mal ausbrach. Mehrere Siedlungen – u.a. Ribeira Seca – wurden von den Lavaströmen begraben. An einigen Stellen war die Bimssteinschicht bis zu 5 m mächtig. Riesige Aschenwolken verdeckten die Sonne und hüllten die Insel in Finsternis. Die ausgeflossene Lava ließ einen gigantischen Hohlraum in der Magmakammer zurück, wodurch der Vulkan dann einstürzte. Später füllte sich die Caldeira mit Regenwasser.

Entlang alter Saumpfade

Von Santo Espírito nach Vila do Porto

Auf den alten Saumpfaden entlang der Südküste Santa Marias wandern wir durch dichten Dschungel, über trockenes Grasland, vorbei an bezaubernden Dörfern in die wunderschöne Bucht von Praia.

DIE WANDERUNG IN KÜRZE

++
Anspruch

4 Std.
Gehzeit

17 km
Länge

Charakter: Größtenteils einfache Wanderung über Fahrstraßen, Feldwege und alte Inselpfade. Ein unschwieriger pfadloser Abschnitt und etwas steilere Ab- und Anstiege bei der Baía da Praia

Wanderkarte: Ilha de Santa Maria, 1:50 000

Einkehrmöglichkeiten: In Praia: ein Restaurant (ganzjährig geöffnet) und eine Snackbar direkt am Strand (nur im Sommer)

Anfahrt: Mit der Buslinie Vila do Porto–Santa Espírito zweimal tägl. Mo. bis Sa. Info: Turismo Santa Maria, im Flughafen, Öffnungszeiten richten sich nach den Ankunftszeiten der Flugzeuge.
Oder mit dem **Taxi:** Zwei Taxiunternehmen bieten Service rund um die Uhr. Im Laden oder in der Bar von Santa Bárbara wird auf Anfrage ein Taxi gerufen.

Hinweise: Bademöglichkeit am Strand von Praia

Ausgangspunkt der Tour ist die Igreja Nossa Senhora da Purificação in **Santa Espírito.** Die Kirche wurde im 16. Jh. errichtet und erhielt bei Ausbauten im 18. Jh. ihre schöne barocke Fassade. Die kunstvoll behauenen schwarzen Steine, die von der Insel stammen, heben sich kontrastreich vom Weiß der glatten Wände ab. Das Innere ist mit herrlichen Kachelbildern (port. *azulejos*, siehe Tour 24) ausgestattet. Eine besondere Bedeutung verdankt die Kirche der Annahme, dass sie an der Stelle steht, auf der die erste Heilig-Geist-Messe der Azoren gefeiert wurde. In einem alten Landhaus auf der Rück-

seite des Gotteshauses befindet sich das Museu de Santa Maria. Das Heimatmuseum verschafft einen guten Überblick über das ländliche Inselleben Santa Marias.

Von der Kirche wandern wir auf der kurvenreichen Inselhauptstraße EN 1-2a. durch das breite Tal der Ribeira Grande in Richtung Maia, bis diese bei einem der typischen Waschhäuser rechts der Straße scharf nach links abknickt. Geradeaus führt ein sandiger Fahrweg an einer Quelle vorbei durch die Häuseransammlung von Fonte do Jordão (dt. sprudelnde Quelle). Gegenüber dem ersten Haus auf der

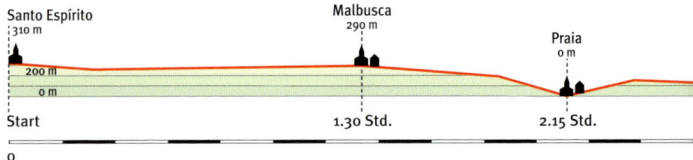

linken Seite zweigt ein Wirtschaftsweg ab. Dieser ist einer der alten Verbindungswege zwischen den Dörfern, die oft auf den Karten nicht eingezeichnet und daher schwer zu finden sind. Überraschend treten wir wenig später in eine völlig andere Welt. Von den sanften Linien einer grünen Hügellandschaft mit verstreut liegenden kleinen, weißen Häuschen, farbenprächtigen Blumengärten, Weiden und kleinen Wäldchen laufen wir nun auf verschlungenen Wegen durch einen

dichten Dschungel. Es scheint, als hätten wir uns in einen der Regenwälder Süd-Ostasiens verirrt. Schließlich treffen wir auf einen sandigen Fahrweg, der uns aus dem grünen Labyrinth nach links leicht bergab in die aus wenigen Häusern bestehende Siedlung Panasco führt.

In der Ortsmitte angekommen, ignorieren wir den Weg nach links zur kleinen Kirche. Hügelabwärts gelangen wir auf eine kleine Hochebene oberhalb der Steilküste. Hier be-

Tour 8

stimmen mit Lavasteinmauern umgrenzte Weiden und kleine Haine aus Baumheide das Bild. Hin und wieder sehen wir auf den Weiden kleine, runde Steinbauten. Sie bergen eine Zisterne, die in dem verhältnismäßig trockenen Grasgebiet die nötigen Wasserreserven liefern. Im Vergleich zu den anderen Inseln des Archipels ist Santa Maria das regenärmste Eiland. Nachdem wir zwischen der Hügelkuppe Piedade (dt. Erbarmen) und einem kleinen Nadelwäldchen hindurchgegangen

sind, schwingt sich der Küstenweg bald hoch nach **Malbusca** (dt. schwere Suche) (1.30 Std.).

Die Namen in diesem Teil der Insel sind Überbleibsel aus der Zeit, als die Färbepflanzen Pastell und Urzela die Wirtschaftsgrundlage der Insel bildeten. Die Ernte der Urzela – eine Flechte, die auf den steilen Felsen am Meer wuchs – war eine gefährliche und harte Arbeit, denn oft mussten die Männer über die hohen Klippen abgeseilt werden.

Kurz nach den ersten Häusern steigen wir an einer Wegverzweigung weiter geradeaus an der Kapelle Nossa Senhora da Piedade zur neuen Fahrstraße zwischen Praia und Santo Espírito auf. Sie verläuft auf der alten Trasse eines Maultierpfades, die sich im leichten Auf und Ab entlang der stark gegliederten

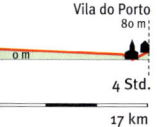

Südwestausläufer des Cavacas hinzieht. Wir folgen ihr nach links in Richtung Praia. Unter uns verteilen sich die Häuser von Malbusca. Danach passieren wir die kleine Siedlung Além.

Sobald sich oberhalb des steilwandigen Tales der Ribeira do Gato der Blick über die Südküste nach Vila do Porto öffnet, verlassen wir die Straße nach links auf einem alten Saumpfad. Mit grandioser Aussicht über die Bucht von Praia, die auf ihrer anderen Seite vom Vulkankegel Facho begrenzt wird, geht es auf dem Pfad entlang der Steilkante des hochflächenartigen Barreiros (dt. Tongruben) leicht bergab weiter. Nicht weit entfernt versperrt uns dichtes Brombeergestrüpp den Weg. Wir müssen nach rechts über die Lavasteinmauer klettern und folgen querfeldein über die Wiesen dem alten Weg, der wenig später über die steile Flanke des Barreiros absteigt. Auf halber Höhe gelangen wir wieder zwischen Agaven und Feigenkakteen auf die Fahrstraße, die uns in einer lang gestreckten Serpentine am Campingplatz vorbei hinab nach **Praia** (2.15 Std.) führt, mitten in die gleichnamige Bucht hinein.

Unten am Strand wenden wir uns nach rechts. Direkt am Wasser stehen die Ruinen der Festung São João Baptista aus dem 16. bis 17. Jh. Sie wurde errichtet, um sich gegen englische, türkische, französische, marokkanische und algerische Seeräuber zu verteidigen, die regelmäßig die Insel überfielen, wobei sich Baía da Praia als idealer Landeplatz anbot. Die Piraten plünderten, brandschatzten, verübten unzählige Greueltaten und nahmen die Einwohner als Sklaven. Heute wird der Strand nur noch von Sonnenanbetern erstürmt. Und statt eines Säbels bewaffnen sich die Besucher der Bucht nun mit einem Hammer. Dieser wird benötigt, um die Muscheln für den Cracas, ein schmackhaftes Gericht des Eilandes, von den Felsen am Ende der Bucht zu lösen.

Kurz danach biegt der grobe sandige Fahrweg von der Küste weg und klettert steil zur Straße Almagreira–Praia hoch, auf der wir weiter aufsteigen. Am Miradouro do Macela genießen wir einen wunderschönen Ausblick über das zerklüftete Tal der Ribeira da Praia, den beinahe 1 km langen, weißen Sandstrand und die sichelförmige Baía da Praia. In der nächsten Kehre entdecken wir den Anfang eines weiteren alten Saumpfades. In dem hohen Gras ist er nur schlecht zu erkennen. Der zunächst breite Weg führt über holperigen, felsigen Untergrund zwischen niedrigen Lavasteinmauern bergauf. Wenig später flacht er ab und verengt sich. Zwischen von Farnen und Brombeerranken überwachsenen Mauern wandern wir zwischen Weiden mit Schafen und Kühen hindurch. Ein Abzweig nach rechts bleibt unbeachtet. Die einzige markante Erhebung weit und breit ist vor uns im Westen der Insel der Vulkankegel Facho.

Kurz vor der kleinen Siedlung Brasil endet unser Weg an einer Sandstraße. Wir folgen ihr nach links. Der grüne Flickenteppich aus mit Lavasteinmauern umgrenzten Feldern bedeckt die Hochebene bis an die bewaldeten Hänge des Pico Altos in der Inselmitte. Nahe des Fachos streifen wir noch einmal die Steilküste, von der sich die Baía da Praia in ihrer ganzen Länge überblicken lässt. In der Ferne sind die Häuser von Malbusca oberhalb der imposanten Südostküste zu sehen. Anschließend krümmt sich die Sandstraße rechts um den Facho herum, durch-

Blick auf die Südküste der Insel

quert einen Steinbruch auf seiner Nordwestseite und läuft über eine benachbarte Anhöhe mit einem Windräderpark. Die aus Deutschland stammenden Windräder decken übrigens 10 % des Energiebedarfs der Insel.

Entlang der Küste geht die Sandstraße in einen breiten Feldweg über. Hier im trockenen Westteil der Insel verfügt jedes Feld über sein eigenes für das Vieh notwendige Wasserloch, das häufig zahlreiche lautstarke Frösche und Kröten als Untermieter besitzt. Vor uns können wir schon Vila do Porto auf dem lang gezogenen Hügelrücken zwischen der Ribeira de São Francisco und der Ribeira do Sancho ausmachen. An einer Weggabelung halten wir uns links.

An der Talkante verengt sich der Feldweg zu einem Steinpfad, der steil zur Ribeira de São Francisco absteigt. Ein paar Meter rechts hilft eine schmale Betonbrücke Fußgängern über den Bach. Ein Trampelpfad auf der anderen Bachseite mündet ein Stück höher in ein Betonsträßchen, über das wir in das Zentrum von **Vila do Porto** (4 Std.), dem Hauptort Santa Marias, gelangen.

Pastell und Urzela

Der Wohlstand der Insel gründete sich bis zum Ende des 17. Jh. auf die Färbepflanze Pastell. Ursprünglich wuchs sie an den Ufern des Douro auf dem portugiesischen Festland. Ihre Ausnutzung begann in der Mitte des 15. Jh.: Die Blätter wurden von Frühling bis Herbst geerntet, eingeweicht und zu einer breiigen Masse verarbeitet, die einen leuchtend blauen Farbstoff ergab. Die Ausfuhr erfolgte größtenteils an Färbereien in Flandern, aber auch nach England und Spanien. Immer mehr musste der Weizen dem gewinnbringenden Pastell weichen, bis es Ende des 16. Jh. beinahe zu einer Hungerkatastrophe auf den Azoren kam. Schließlich verdrängte Ende des 17. Jh. das billigere Indigo aus Brasilien und Indien das Pastell. Zu dem gleichen Zweck wurde auch die Urzela gesammelt, woraus ein hervorragender brauner Farbstoff gewonnen wurde. Ihre Nutzung hielt sich bis in die Mitte des 19. Jh. Danach wurde sie durch neue chemische Farbstoffe ersetzt.

Tour 9

Zur roten Wüste

Von Anjos nach Praia quer durch Santa Maria

Eine Tour quer durch Santa Maria ist nicht nur ein interessanter Gang durch die Inselgeschichte, sondern auch eine Wanderung durch ein Bilderbuch – traumhafte Buchten, herrliche Wälder, rote Tonwüsten und anmutige Berge.

DIE WANDERUNG IN KÜRZE

++
Anspruch

5.30 Std.
Gehzeit

21 km
Länge

Charakter: Mittelschwer aufgrund der Länge und des Anstieg von 380 m auf den Pico Alto. Die Tour verläuft auf Feld- und Waldwegen, Pfaden, Fahrstraßen und weglos, größtenteils durch Wald.

Wanderkarte: Ilha de Santa Maria, 1:50 000

Einkehrmöglichkeiten: Laden, kleiner Supermarkt und Café in Almagreira, zwei Bars (nur im Hochsommer geöffnet) und ein Restaurant in Praia

Anfahrt: Von Vila do Porto **mit dem Taxi** vom Taxistand in der Rua Dr. Luis Bettencourt beim Rathaus nach Anjos fahren. Zwei Unternehmen bieten Taxiservice rund um die Uhr. Von Praia werktags dreimal tägl. zurück **mit dem Bus**, am Wochenende ebenfalls mit dem Taxi zurück. Info: Turismo Santa Maria, im Flughafen; die Öffnungszeiten richten sich nach den Ankunftszeiten der Flugzeuge.

Hinweise: Bademöglichkeit im Meerschwimmbecken in Anjos und am Strand von Praia. Den Schlüssel für die Kapelle von Anjos im Nachbarhaus (mit Blick auf die Kapelle links davon) erfragen.

Ausgangspunkt der Tour ist der Hafen in **Anjos.** Zunächst folgen wir der Straße entlang der reizvollen, kleinen Bucht. Gepflegte Häuser verstreuen sich rechter Hand am Hang. Im Sommer wird die kleine Ortschaft aus ihrem Schlaf erweckt und in dem renovierten Meerschwimmbecken

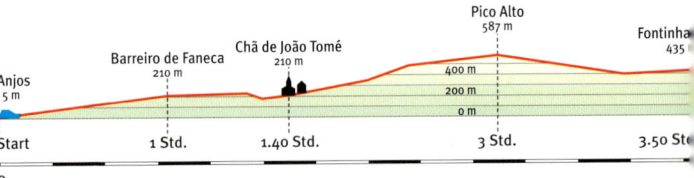

Anjos
5 m

Barreiro de Faneca
210 m

Chã de João Tomé
210 m

Pico Alto
587 m

Fontinha
435

400 m
200 m
0 m

Start   1 Std.   1.40 Std.   3 Std.   3.50 Std

o

geht es dann recht lebhaft zu. Die restliche Zeit des Jahres leben in der Siedlung, die als eine der ersten auf den Azoren im Jahre 1439 von portugiesischen Siedlern gegründet worden ist, gerade einmal 4 Familien. An manchen Tagen verwandelt sich die so friedvolle Idylle allerdings in eine brodelnde Hexenküche. Wenn meterhohe Wellenberge über den Atlantik heranrollen, mit ohrenbetäubendem Getöse gegen die Felsen donnern und sich ungestüm in enormen Wasserfontänen entladen.

Am Ortsausgang biegt die Straße nach rechts in das Inselinnere ab. In der Kurve erinnert linker Hand eine Statue an den Besuch Christoph Kolumbus' im 15. Jh. Gegenüber steht die berühmte Kapelle Nossa Senhora dos Anjos. Im Garten befindet sich ein einzelner Fensterbogen. Er ist ein Überrest der einstigen Kapelle, in der Kolumbus mit seiner Mannschaft gebetet haben soll. Ein paar Schritte weiter verlassen wir die Straße und überqueren nach links die Ribeira do Lemos. Ein Pfad führt an Weingärten vorbei orographisch rechts am Bach entlang. Wenige Meter weiter versperren uns Brombeerranken den Weg. Wir steigen nun nach links weglos über trockene Weiden, auf denen Schafe grasen, am Hang entlang langsam auf.

Mehrere Lavasteinmauern sind dabei zu überwinden. Öfters müssen wir Brombeerhecken, Agaven und Feigenkakteen ausweichen. Auf der dem Meer abgewandten, steilen

Flanke des Monte Gordo (dt. fetter Berg) stoßen wir hoch über der Ribeira do Lemos auf einen grasbewachsenen, breiten alten Weg. Er verläuft orographisch rechts entlang der Schlucht. Auf der anderen Seite erhebt sich der Monte Flores (dt. Blumenberg). Aber nicht nur seine Hänge werden von Blumen geschmückt, sondern auch unser Weg ähnelt eher einer Blumenwiese. Unten am Bachbett blühen Teppiche vom gelbem Hornmohn. Nachdem wir ein Gatter aus Stöcken und Maschendraht durchquert haben, läuft der Monte Gordo in einen Grat aus. Auf diesem steht ein aufgegebenes Gehöft. Vom Innenhof raubt uns der Blick in die schroffe Bucht hinab den Atem.

Wir wandern geradeaus leicht bergauf weiter. Abrupt ändert sich die Landschaft. In den Ginsterbüschen summen die Bienen und das Gras weicht einem roten Lehmboden. Bei Feuchtigkeit erweist sich Letzterer als sehr klebrig. Beim nächsten Gehöft kommen wir an ein Wege-T. Nach rechts ist es nur ein kurzes Stück zur schmucken Kapelle Nossa Senhora do Pilar aus dem 18. Jh. Wir wenden uns auf dem sandigen Fahrweg nach links und folgen an einer Wegverzweigung dem Hauptweg nach rechts in ein Nadelwäldchen. Sobald wir aus ihm heraustreten, dehnen sich vor uns die Flächen der **Barreiro de Faneca** (1 Std.) aus.

In der faszinierenden ›roten Wüste‹ wurde jahrhundertelang Ton abgebaut und zu den Töpfereien in Vila

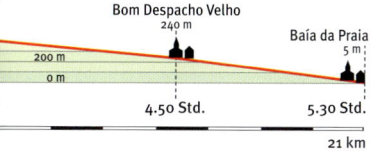

Bom Despacho Velho
240 m

Baía da Praia
5 m

200 m

0 m

4.50 Std.

5.30 Std.

21 km

Franca do Campo auf São Miguel ge-
liefert. Die auffällige rotbraune Fär-
bung stammt von Eisenverbindungen, die auf verwitterte Tonsedi-
mente, vermutlich aus dem Tertiär,
zurückzuführen sind. Die einzigarti-
gen Ablagerungen marinen Ursprungs lassen sich nur auf Santa
Maria finden. Daraus wird geschlossen, dass das Eiland die einzige Insel ist, die zu jener Zeit schon exi-
stierte und daher die älteste des Archipels ist.

Hier verliert sich der Fahrweg. Wir
orientieren uns nach rechts am
Waldrand entlang. Kurz vor Ende der
offenen Fläche läuft nach rechts ein
deutlicher, sandiger Fahrweg leicht
bergauf in den dichten Laubwald hinein. Nach einer Lichtung sehen wir
vermehrt Eukalyptusbäume. Am folgenden Wege-T biegen wir nach links
ab. Der sandige Fahrweg knickt vor
den Häusern von Água de Alto nach
rechts ab, durchquert das Tal der Ribeira do Engenho und mündet in **Chã
de João Tomé** (1.40 Std.) in die Inselhauptstraße EN 2-2a. Vor uns erhebt
sich schon unser nächstes Ziel, der
Pico. Der Pico Alto (dt. hohe Spitze)
ist die höchste Erhebung des Bergkammes, fällt mit seinen 587 m aber
eher bescheiden aus. Wir gehen
durch das freundliche Straßendorf
nach links, bis nach rechts der Caminho Florestal do Alto abzweigt.
Der Schotterweg schlängelt sich bequem durch Azaleenbüsche, dann
durch eine prächtige Platanenallee
bergauf. Schließlich wird er im Nadelwald steiler und knickt unterhalb
des ehemaligen Forsthauses nach
links ab.

Direkt am Gebäude verlassen wir
den Fahrweg und gehen rechts dar-
an vorbei. Am Ende der Lichtung
wählen wir den Pfad, der nach links
steil in den Wald hochklettert. In

zahlreichen Kehren gewinnen wir
schnell an Höhe. Zunehmend macht
der Nadelwald Platz für einen urtümlichen Laubwald, in dem noch ei-
niges der ursprünglichen Inselvege-
tation zu finden ist. An einer Wegverzweigung halten wir uns rechts.
Oben auf dem sehr schmalen Bergkamm geht es nach rechts im leichten Auf und Ab weiter. Nur hin und
wieder erhaschen wir durch den
dichten Bewuchs Aussichten auf die

beiden Inselhälften. Stellenweise versucht wilder Ingwer den Pfad zu erobern. Knapp unterhalb der Sendemasten auf dem **Pico Alto** (3 Std.) treffen wir auf eine Fahrstraße.

Ein paar Meter nach rechts hilft uns eine Treppe im Fels die letzten Meter zum Gipfel hinauf. Von dort können wir fast die ganze Insel überblicken: Die weißen Häuser der Ortschaften stehen verstreut in einem grünen welligen Hügelland, das

vom blauen, endlos weiten Atlantik umspült wird. Die Fahrstraße führt uns anschließend um den Nordgipfel des Pico Alto herum und steigt bequem durch den Wald zur Inselhauptstraße EN 1-2a. zwischen Almagreira und Santo Espírito ab. Nach links gehend erreichen wir wenig später die Straßenverzweigung Cruz dos Picos, wo wir in Richtung Santo Espírito die Wanderung leicht bergauf fortsetzen. Am Miradouro das Fontinhas reicht der Blick bis ganz nach Vila do Porto. Daneben wurde eine der alten Dampfwalzen aufgestellt, die beim Straßenbau eingesetzt worden sind. Kurz danach passieren wir den hübsch angelegten Waldpark **Fontinhas** (3.50 Std.) mit Picknickanlage. Sobald wir aus dem Wald heraustreten, zweigt in einer Kurve ein alter Inselweg zwischen den Weiden nach rechts ab. Vorsicht bei Nässe kann er etwas rutschig sein! Er endet an einem Feldweg, auf dem wir uns nach rechts wenden. Um die Hügelkuppe Cavacas herum gelangen wir auf einen Sattel, von dem aus sich eine wunderschöne Aussicht über die Südküste der Insel von Vila do Porto bis Santo Espírito ergibt. Wir steigen etwas in den weiten Talkessel unterhalb des Pico Alto ab und folgen dem breiten grasbewachsenen Weg entlang der bewaldeten Berghänge im leichten Auf und Ab. Mehrere Bachläufe und Gatter werden durchquert. Abzweigungen bleiben unbeachtet.

Wenn im Laubwald Obst- und Gemüsewälder auftauchen, kommen wir kurz danach an ein Wege-T. Dort steigen wir nach rechts steil aufwärts. An den zwei folgenden Verzweigungen geradeaus weiter hochsteigen. Zwischen den Häusern von **Bom Despacho Velho** (4.50 Std.) mündet unser Weg in die Inselhauptstraße. Nach links schließt sich nahtlos Almagreira an. Ihr Name rührt von der Ausbeutung von *almagre* (dt. Ocker) her, der rötlichen, bleihaltigen Inselerde. Sie wird bei der Glasierung des Tongeschirrs verwendet. Nahe der Kirche biegt nach links die Straße nach Praia ab. Noch ein letztes Mal werfen wir einen Blick zurück über die Landschaft am Fuße des Pico Altos, bevor sich die Straße in Serpentinen in die Bucht von Praia

hinabschraubt. Auf halber Strecke ermöglicht uns ein Miradouro einen überwältigen Ausblick auf die traumhaft schön gelegene Sandbucht. Ein Stück weiter unten kürzt ein steiler und grober sandiger Fahrweg den Weg zur **Baía da Praia** (5.30 Std.) nach rechts hinab ab.

Kapelle Nossa Senhora dos Anjos

Ihre Berühmtheit verdankt sie einem Besuch des großen Seefahrers Cristoph Kolumbus. Auf der Rückfahrt von seiner ersten Entdeckungsreise in den westlichen Atlantik im Jahre 1493, auf der er Amerika entdeckte, geriet sein Schiff in stürmische Gewässer. Kolumbus und seine Mannschaft schworen, auf dem ersten Stück Land, das sie betreten, eine Messe zu feiern und für ihre Rettung zu danken. Sie kamen als erstes in die Bucht von Anjos auf Santa Maria. Die Inselbewohner sollen einer Geschichtsquelle zufolge die Seeleute jedoch für Piraten gehalten haben. Einige Historiker meinen, ihnen wurde nur die Landung verweigert, andere behaupten, dass sie sogar festgenommen wurden. Doch schließlich soll die Messe stattgefunden haben. Die Kapelle aus dem 15. Jh. war möglicherweise eine der ältesten Kirchenhäuser auf den Azoren. Im Vergleich zu einigen anderen ist die heutige Kapelle aus dem Jahre 1893 eher bescheiden. Sie besitzt ein wertvolles Triptychon, das die heilige Familie São Cosme und São Damião darstellt. Eine Überlieferung besagt, dass dies der Tragaltar der Karavelle von Gonçalo Velho Cabral gewesen sei. Er war Kapitän im Dienste von Heinrich dem Seefahrer und betrat 1432 als erster die Insel.

Von Bucht zu Bucht

Von Maja nach São Lourenço

Leuchtend blaues Meer, weiße Sandstrände, schroffe Felsenklippen und die schwarzgrünen Terrassen der Weinberge an den steilen Berghängen – die zwei schönsten Buchten im Osten der Insel zeigen den einmaligen Reiz Santa Marias.

DIE WANDERUNG IN KÜRZE

+
Anspruch

3.30 Std.
Gehzeit

15 km
Länge

Charakter: Einfache Wanderung über Fahrstraßen, Feldwege und Pfade. Zu Anfang ein Anstieg von 300 m, der jedoch bequem in lang gezogenen Kehren überwunden wird, bequemer Abstieg zum Schluss in die Baía do São Lourenço.

Wanderkarte: Ilha de Santa Maria, 1:50 000

Einkehrmöglichkeiten: In Maia: Bar Flor da Maia (ganzjährig geöffnet) und Café Prazeres da Maia in Maia (nur im Sommer geöffnet); in São Lourenço: zwei Snackbars (nur in der Sommersaison geöffnet).

Anfahrt: Von Vila do Porto **mit dem Taxi** nach Maia und in São Lourenço wieder abholen lassen. Zwei Taxiunternehmen bieten Service rund um die Uhr.

Hinweise: Bademöglichkeit im Meerschwimmbecken und in kleinen Felsbuchten in der Baía da Maja und do São Lourenço

Wir starten im Norden der **Baía da Maia** an der Ribeira Grande. Über eine Brücke lassen sich die abgelegeneren Terrassenfelder erreichen, die sich noch bis zur spitz hervorragenden Ponta do Castelete im äußersten Norden der Bucht hinziehen. Wir folgen jedoch dem sandigen Fahrweg, der am Fuße der 200 m hohen Felswand entlang der Küste durch die Ortschaft Maia verläuft. Die Häuser grenzen beinahe unmittelbar ans Meer, die fast ausschließlich als Ferien- bzw. Wochenendhäuser genutzt werden. Nur knapp über ein Dutzend Leute lebt noch dauerhaft hier. Hinter den weißen Häuschen mit ihren roten Ziegeldächern klettern die gerade mal ein paar Meter großen Terrassen rasant die steilen Hänge hoch. In einigen wurde Mais und Weizen ausgesät, doch größtenteils dienen die mit schwarzen Lavamauern umgrenzten Gevierte dem Weinanbau. Etliche liegen mittlerweile brach und verwildern, da sich ihre mühselige Bewirtschaftung nicht mehr lohnt. Wir passieren die hübsche Kapelle Nossa Senhora dos Prazeres oberhalb des versteckt zwischen schwarzen Lavafelsen liegenden kleinen Hafens.

Auf der nun asphaltierten Fahrstraße erreichen wir nach einer Biegung herum das Ende der Ortschaft beim Meerschwimmbecken. Vor uns erstreckt sich nun der südliche Teil der Baía da Maia, die von der Ponta do Castelo (dt. Schloss-Spitze) abgeschlossen wird. Wie ein uneinnehmbares Schloss thront der Leuchtturm auch tatsächlich hoch über dem Meer auf diesem schmalen schroffen Felsvorsprung. In lang gezogenen Kehren gewinnt die Straße allmählich zwischen den gleichmäßigen Reihen der Weinberge an Höhe. Prachtvolle Agaven und Aloen säumen den Wegesrand.

Gegenüber von zwei Wassertanks zweigt die schmale Fahrstraße zum **Farol de Goncalo Velho** (45 Min.) ab. Trotz des nicht ganz mühelosen An- und Abstiegs über einen imposanten Felsgrat empfiehlt sich ein Besuch des 1928 errichteten Leuchtturms auf der weit ins Meer vorspringenden Ponta do Castelo. Auf freundliche Anfrage zeigt Senhor Ávila, der Leuchtturmwärter, Interessierten gerne die Anlage. Unten am Fuße des Felsens erwehren sich die Reste einer Walverarbeitungsfabrik der herandonnernden Wellen des Atlantiks. Und oben bleibt uns nur sprachloses Staunen angesichts des umwerfenden Panoramas über die südliche Baía da Maia: leuchtend blaues Meer, schroffe Felsenklippen und die schwarzgrünen Terrassen der Weinberge an den steilen Berghängen – die *Degraus de Santa Maria,* ›die Stufen von Santa Maria‹ werden sie auch genannt.

Zurück auf der Hauptstraße geht es in einigen bequemen Kehren aus der Bucht heraus. Auf der sanft gewellten Hochebene wandern wir durch saftig grünes Weideland. Milchkaffeefarbene Kühe schauen uns neugierig hinterher. Links und rechts schmiegen sich kleine weiße Häuschen an die grünen Hügel. Durch eine Platanenallee überqueren wir in einer markanten Einbuchtung einen Bach. Vorbei an einem der typischen Waschhäuser nahe einer Quelle linker Hand erreichen wir das Ortsschild von **Calheta.** Wie so häufig auf Santa Maria hat auch dieses Dorf keinen richtigen Ortskern, sondern die gepflegten Häuser verstreuen sich in der lieblichen Landschaft.

Kurz danach knickt die Straße nach links ab. Der erste Abzweig nach rechts in der Kurve bleibt unberücksichtigt. Ein paar Meter weiter zweigt erneut ein sandiger Fahrweg nach rechts ab, dem wir nun folgen. Er führt in das schöne Tal der Ribeira Grande hinab. Eine alte Steinbrücke überspannt den Wasserlauf. Rosa blühender Oleander sorgt am Bachufer für eine farbenfrohe Idylle. Auf der anderen Talseite folgen wir einem breiten Waldweg den Hang durch einen grünen, dämmrigen Blättertunnel hoch. Links und rechts sind die Häuser von Lapa de Baixo hinter dem Dickicht nur zu erahnen. An regenreichen Tagen kann der Weg an manchen Stellen etwas matschig sein. Immer geradeaus weitergehen. Sobald wir

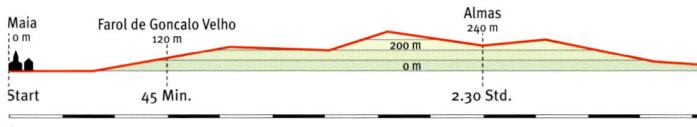

aus dem Wald heraustreten, wird der Weg stets besser. Wir passieren die vereinzelt liegendenen Häuser von **Lapa da Cima,** überqueren einen weiteren Bach und erreichen eine schmale Asphaltstraße. Dort wenden wir uns nach rechts. Auch weiterhin alle Abzweigungen nicht beachten. Links am lang gestreckten Hügelrücken Feteirinha vorbei wandern wir nach **Almas** (2.30 Std.).

Es liegt oberhalb des tief eingeschnittenen Tales der Ribeira de Santo António. Nach rechts steigt die kaum befahrene Inselstraße EN 3-2a. entlang des Talschlusses bequem aufwärts. Nahtlos schließt sich die freundliche Ortschaft **Santo António** an. Wir folgen der Hauptstraße weiter bergan durch eine üppig grüne Landschaft bis nach rechts die Sandstraße nach Azenhas de Baixo abzweigt. Auf unserem Weg durch das verschlafene Dorf fühlen wir uns in vergangene Jahrhunderte zurückversetzt. Schwere Ochsenwagen ächzen auf Holzrädern, die noch aus römischen Zeiten zu stammen scheinen, in langsamem Zug die Wege entlang. Holzpflüge werden noch stets zum Beackern der Felder eingesetzt. Der Weizen wird auf kleinen Tennen mit langen Holzprügeln ausgedroschen. Auf Holzgestellen, die wie schmale Zuckerhüte aussehen, hängen Maiskolben zum Trocknen.

Nahe der Steilküste knickt der Weg nach links ab, überquert einen kleinen Bacheinschnitt und steigt wieder zur Hauptstraße – der wir nach rechts folgen – unweit des **Mi-** **radouro de São Lourenço** (3 Std.) an. Er bietet einen atemberaubenden Blick in die halbmondförmige Baía do São Lourenço mit der kleinen Felseninsel Ilhéu de São Lourenço. Sie gilt als die schönste Bucht Santa Marias: türkisfarbenes Meer, ein strahlend weißer Sandstrand, schwarze Lavafelsen, weiß-rote Häuschen an der Küste, dahinter Reihe an Reihe die terrassierten Weinberge, umfasst von einer hoch aufragenden Bergwand. Vom Aussichtspunkt windet sich die Straße in Kehren in das enge Tal der Ribeira do Salto hinab. Kurz nach der Brücke über den Bach folgen wir an der Wegverzweigung der Straße nach São Lourenço weiter durch das Tal bergab.

Wo die steilen Felshänge es ermöglichen, wurden ebenfalls Weinberge, Weiden und Felder angelegt. Plötzlich öffnet sich die linke Talseite. Durch den torähnlichen Felsdurchlass Portão (dt. Tor) schwingt sich die Straße nach links in die **Baía do São Lourenço** hinab. Entlang der Küste laden immer wieder kleine Plätze zum Verweilen und im Sommer zum Baden ein. Draußen auf der Bucht flitzen Wellenreiter auf den hohen Wellenkämmen dahin. Im Norden am anderen Ende der Bucht liegt der kleine Fischerhafen. Wie in Maia sind die Häuser in **São Lourenço** (3.30 Std.) fast alle Ferien- und Sommerdomizile. Die meisten befinden sich in Besitz azoreanischer Auswanderer, die vor allem in Kanada und den USA zu Hause sind. Nicht selten ist daher im Sommer eher ein breites amerikanisch zu hören, während im Winter alles in einen Dornröschenschlaf fällt.

São Lourenço
0 m
3.30 Std.
15 km

Tour 10

Hoch über den Buchten

Von Santa Bárbara zur Baía do Tagarete

Im Nordosten Santa Marias lernen wir das ländliche Gebiet am Fuße des Pico Alto kennen. Weit versprengen sich die traditionellen Häuschen in weiß und blau oberhalb der schroffen Felsbuchten im grünen Hügelland.

DIE WANDERUNG IN KÜRZE

+++
Anspruch

3 Std.
Gehzeit

11 km
Länge

Charakter: Größtenteils einfache und kurzweilige Wanderung über Fahrstraßen, Feldwege und meistens guten Pfaden mit geringen Höhenunterschieden. Allerdings ist ein schwieriger Abschnitt auf einem altem Inselpfad zu überwinden, der grundsätzlich unter Wasser steht und etwas Akrobatik erfordert. Nach längerem Regen nicht zu empfehlen. Bei der Ponta do Norte ist der äußerst klebrige, rote Lehm etwas lästig.

Wanderkarte: Ilha de Santa Maria, 1:50 000

Einkehrmöglichkeiten: Laden und Bar in Santa Bárbara

Anfahrt: Von Vila do Porto **mit dem Auto** der Ausschilderung nach Almagreira folgen. Dann auf der Inselhauptstraße 1-2a. bis Cruz dos Picos fahren und dort nach Santa Bárbara abbiegen. Oder mit der **Buslinie** Vila do Porto–Santa Bárbara mittags hin. Info: Turismo Santa Maria, im Flughafen. Zurück **mit dem Taxi:** Im Laden oder in der Bar von Santa Bárbara wird auf Anfrage ein Taxi gerufen.

Bei der Kirche in **Santa Bárbara** wandern wir zunächst auf der Hauptstraße in Richtung Almagreira/Santo Espírito. Verstreut auf mehreren Abhängen und Hügelrücken schmiegen sich die Häuser der gerade mal 500 Einwohner zählenden Ortschaft unterhalb der bewaldeten Berghänge des ›Pico Alto Massivs‹ in das friedvolle Tal der Ribeira de Santa Bárbara. Wie üblich auf Santa Maria bleibt die Suche nach einem richtigen Ortszentrum vergeblich.

Am Ortsausgang biegen wir nach links auf einen sandigen Fahrweg hoch hinauf ab. Oben sind auf einer Hügelkuppe rechter Hand die Ruinen zweier Windmühlen zu sehen. Bald stoßen wir auf die Verbindungsstraße zwischen Santa Bárbara und São Lourenço, auf der wir nach links weiterwandern.

Ins Inselinnere gleitet der Blick über das idyllische Hügelland und bleibt am dunklen zentralen Bergkamm hängen. Oft verschwindet sein höchster Gipfel, der Pico Alto, in den Wolken. Trotz seiner verhältnismäßig geringen Höhe wurde er einer

Boeing 707 am 8. Februar 1989 zum Verhängnis, die an seinen Hängen zerschellte. Alle 145 Insassen starben.

Nachdem wir eine kleine Hügelkuppe überquert haben, steigt die Straße zur Baía do São Lourenço hinab. Wir folgen jedoch der Sandstraße, die kurz hinter dem höchsten Punkt nach links abzweigt und sich oberhalb der Bucht am Berghang entlang schlängelt. Immer auf dem breiten Hauptweg bleiben, der in die Fahrstraße nach Norte einmündet. Dort wenden wir uns nach rechts. Nur wenige Meter weiter knickt die Straße nach links ab und verläuft entlang der Abbruchkante. Zwar ist die Bucht von São Lourenço nicht zu sehen, dennoch ist die Aussicht über die steil abfallenden Bergflanken beeindruckend. Wildromantisch präsentieren sich die kleinen Täler und Hügel mit ihren verträumten Ortschaften zu unserer linken Seite. Sobald wir rechts am Wegesrand einen kleinen Teich mit zahlreichen quakenden Fröschen passiert haben, verlassen wir unten in einer Senke die Asphaltstraße nach rechts. Ein schmaler Feldweg führt zwischen hohen Lavasteinmauern leicht Auf und Ab an Weiden mit Kühen und Schafen vorbei. Immer geradeaus halten.

Schließlich trifft der zu einem Pfad verengte Weg auf die Zufahrtsstraße hinab zur Radarstation Estação Loran. Das von der Nato nur kurze Zeit genutzte und wieder aufgegebene Gelände auf der Ponta do Norte

wirkt etwas unheimlich. Die kräftig rot-gelbe Erde kann sich als äußerst klebrig erweisen.

Am Ende der Straße gehen wir links an den letzten Gebäuden vorbei und halten uns an eine Fahrspur, die auf eine Wiese führt und dort nach rechts zur Küste biegt. Nach jedem Schritt vergrößert sich der Erdklumpen an unseren Schuhen, die bald mehrere Kilos zu wiegen scheinen. Wenn sich der Weg im Gras verliert, halten wir uns geradeaus auf die Küste zu. Wir werden mit einem fantastischen Blick über die **Baía do Tagarete** (1.15 Std.) mit ihrer hohen steilen Küstenlinie belohnt. Kaum zu glauben, in welch schwindelnder Höhe den Hängen die Terrassenfelder abgerungen werden.

Auf der Zufahrtsstraße steigen wir wieder auf bis zu einer Kreuzung. Nach rechts wandern wir weit oberhalb der Bucht von Targarete durch die Ortschaft **Norte** (dt. Norden, 1.50 Std.). Am besten lässt sich das nordöstlichste Dorf der Insel und das Tal der Ribeira do Amaro von der **Kapelle Nossa Senhora de Lurdes** überschauen. Unweit der Kreuzung zweigt nach links ein sandiger Fahrweg zu ihr hinauf ab. Auch in Norte weisen die Häuser den typischen blau-weißen Anstrich auf. Eigentlich ergab er sich aus einer Notlage. Das ganze Haus farbig zu streichen, war einfach zu teuer. Übrigens entwickelten wohl im Laufe der Zeit die Dörfer ihren eigenen Geschmack. Im Südosten der Insel

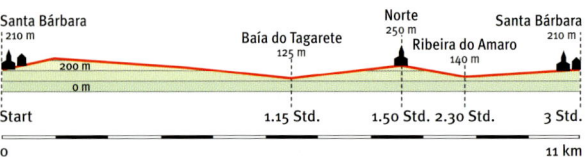

wird eher Grün bevorzugt, während im Westen verstärkt Gelb und Rot gewählt werden.

An einer Weggabelung gehen wir auf gleicher Höhe bleibend nach links, an der folgenden nach rechts. Der sandige Fahrweg verengt sich zu einem Betonsträßchen. In einer Kurve nach links steigt geradeaus ein alter Inselpfad steil in das bewaldete Tal der **Ribeira do Amaro** (2.30 Std.) ab. Linker Hand, direkt am Anfang des Weges, steht ein Haus mit zwei großen Schornsteinen. Stellenweise steht der schlammige Pfad selbst nach einer Trockenperiode knöcheltief unter Wasser. Mühselig müssen wir uns am Wegesrand an wilden Ingwer und Bambus entlang hangeln. (Wer dieses schwierige Wegstück scheut, sollte sich in Norte nach einer anderen Möglichkeit erkundigen.) Von

Stein zu Stein überqueren wir den Bach und steigen auf einem Pfad wieder langsam auf. Vor einem Haus gabelt sich der Weg. Wir wählen den breiteren nach links.

Bei den ersten Häusern von Lagos (dt. Teiche) wenden wir uns an einem Wege-T erneut nach links. Bei den letzten Häusern knickt die Sandstraße scharf nach rechts den Hang hoch ab, während wir nach links auf einen Feldweg abbiegen. Wir wandern nun stets orographisch links von der Ribeira de Santa Bárbara zwischen mit Lavasteinmauern umgrenzten Weiden das kleine, wasserreiche Tal hinauf. An der Siedlung Poço Grande (dt. großer Brunnen) vorbei gelangen wir an die Inselhauptstraße, auf der wir nach links wenig später **Santa Bárbara** (3 Std.) und etwas weiter die Kirche erreichen.

Tour 12

Zur Vulkanhöhle Algar do Carvão

Durch das vulkanische Inselinnere Terceiras

Eine Wanderung durch das einsame, raue Hochland der Insel Terceira zur spektakulären Vulkanhöhle Algar do Carvão ist eine Reise in die vulkanische Vergangenheit der Insel Terceira.

DIE WANDERUNG IN KÜRZE	
+++ Anspruch	**Charakter:** Nicht ganz mühelose Wanderung auf Sandstraßen und überwiegend alten Pfaden, steiler und bei Nässe etwas rutschiger Abstieg vom Pico Alto. Wegen des nicht immer klar erkennbaren Wegverlaufs etwas schwierig. Auf keinen Fall bei Nebel bzw. schlechtem Wetter gehen!
3.30 Std. Gehzeit	
11 km Länge	

Einkehrmöglichkeiten: keine

Anfahrt: Von Angra do Heroísmo **mit dem Taxi** hoch zum Pico Bagacina und wieder bei der Vulkanhöhle Algar do Carvão abholen lassen

Markierung: Holzpfähle mit rotem Ring und weiße Pfeile auf Fels

Wanderkarte: Ilha Terceira, 1:50 000

Hinweise: Algar do Carvão, Juni–Sept. tägl. von 15.00 bis 17.00 Uhr mit geführten Touren der Bergfreunde Os Montanheiros.

Die Wanderung beginnt bei der Wegespinne am **Pico Bagacina.** Wir kehren dem grasbewachsenen Vulkankegel den Rücken zu und folgen der breiten Sandstraße (ausgeschildert trilho turistico/walking trail) aus feinem roten Lavasand. Links in einem Wäldchen befindet sich ein Picknickplatz. Rechts steht eine alte Steinhütte an einem Korral für schwarze Kampfstiere. Die Sandstraße schlängelt sich über die Hochfläche auf den Máunto zu. Abzweigende Feldwege bleiben unberücksichtigt. Nur hin und wieder werden die grünen Weiden durch kleine vulkanischen Erhebungen unterbrochen. Lavasteinmauern säumen den Weg, die teilweise auf hohen Schlackenablagerungen errich-

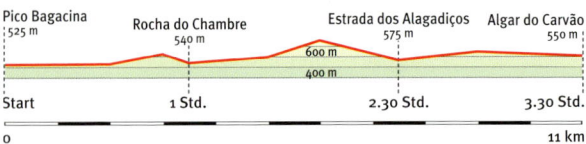

Pico Bagacina | Rocha do Chambre | Estrada dos Alagadiços | Algar do Carvão
525 m | 540 m | 575 m | 550 m
600 m
400 m

Start | 1 Std. | 2.30 Std. | 3.30 Std.

0 | 11 km

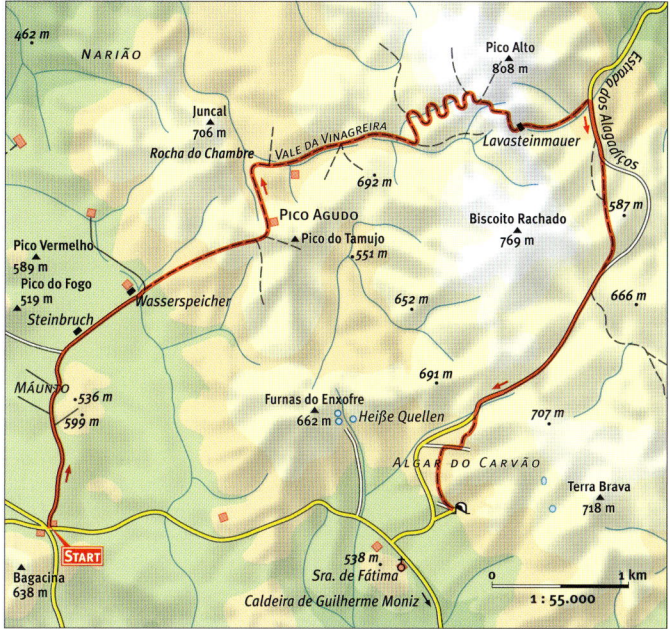

tet wurden. Sie entstehen, wenn ein basaltisches Magma fontänenartig hochschießt. Sie sind glasig und porös, ihre Farbe ist rot und schwarz. Sind die herunterfallenden Lavafetzen noch nicht ganz erstarrt, verschweißen sie zu so genannten Schweißschlackenhaufen.

Rosafarbene Knöterichgewächse verschönern das eintönige Grau der Mauern. Aus den Japanischen Sicheltannen ertönt ein ganzes Vogelorchester und Thymian verbreitet seinen intensiven Geruch. Direkt am Máunto zweigt nach links eine weitere Sandstraße in Richtung Nordküste. Wir halten uns jedoch rechts. Vor uns erhebt sich der gebirgige Mittelteil Terceiras um den Pico Alto herum. Hinter uns dominiert die Caldeira de Santa Bárbara den Horizont, die mit 1 021 m den höchsten Gipfel der Insel besitzt. Ihre letzten

Ausbrüche ereigneten sich 1761 und 1867, als die Insel bereits bewohnt war. Doch wie durch ein Wunder wurde niemand verletzt.

Hinter einem Steinbruch liegen links der Sandstraße der Pico Vermelho (dt. rote Spitze) und do Fogo (dt. Feuerspitze). Sie entstanden ebenfalls bei dem Vulkanausbruch von 1761. Jedoch wird der kleinere Pico Vermelho emsig abgetragen, da seine feinen, roten Aschen für den Straßenbau verwendet werden. Schließlich endet die Sandstraße bei einem großen runden Wasserspeicher an einem Wege-T. Wir queren nach rechts ein Rinnsal und steigen auf dem Canada do Chambre zwischen Japanischen Sicheltannen moderat bergauf. Je höher wir kommen, desto schöner wird die Aussicht zurück über die Hochfläche mit den Picos und die Caldeira de Santa Bárbara. Oben versperrt ein Holzgatter den Weg.

Dahinter gehen wir bei zwei Weggabelungen unterhalb des Gipfels des Picos do Tamujo jeweils nach links und steigen auf dem immer schlechter werdenden Weg bergab auf die imposante **Rocha do Chambre** (1 Std.) zu. Am Fuße der 200 m senkrecht abfallenden Felswand verliert sich der Weg etwas im Gras. Vor einem Feuchtgebiet mit hohen Binsen in einer Senke nach rechts orientieren. Die Markierungen leiten uns mit der Felswand im Rücken auf einen Pfad bequem bergauf. An der nächsten Weggabelung nicht nach links in den dichten Wald, sondern nach rechts in das schmale Tal Val da Vinagreira weiterwandern. Farne, Baumheiden, kriechende Heiden, Zedern und dicke Moospolster sorgen für eine üppige grüne Vegetation.

An einer Wegverzweigung im Wald bleiben wir auf dem Pfad geradeaus. Danach öffnet sich das Tal erneut, auf dessen orographisch rechter Seite eine vage Spur im Gras am Hang entlangführt. Am anderen Ende steigt der nun wieder deutliche Pfad steil eine enge Schlucht hoch. Weiße Pfeile auf der Felswand weisen uns dort aber nach links auf einen breiteren Pfad, der in einer Kehre nach links die steile Talwand hochklettert. Unter uns sehen wir die Route durch das Val da Vinagreira. Vor uns am Horizont taucht die Rocha do Chambre wieder auf. Alle weiteren Abzweigungen nach links nicht beachten und in Kehren den Caminho velho (dt. alter Weg) weiter hochsteigen. Bis zu 1 Meter tief vom Regen ausgewaschene schlammige Rillen verwüsten ihn.

Kurz vor dem Gipfel zweigt in einer Kehre nach links ein Trampelpfad

nach rechts ab. Ab hier ist es sogar bei guter Sicht schwierig, die Markierungen zwischen dem hüfthohen Gebüsch zu entdecken. Nur wenig weiter halten wir uns rechts und queren ein fast zugewachsenes Rinnsal. Die Pfähle, teilweise nur Stöcke, führen uns auf zwei kleine Anhöhen zu. Dazwischen geht es steil ein paar Meter in eine sumpfige Senke. Die dicken Pflanzenpolster tragen gut und schwingen bei jedem Schritt. Unten wenden wir uns nach rechts wieder hinaus, gehen auf einem schmalen Grat leicht links weiter und klettern über eine Lavasteinmauer.

Dort oben erblicken wir an der Küste die Stadt Vila da Praia da Vitoría mit dem internationalen Flugplatz und in die andere Richtung die Caldeira de Santa Bárbara. Hinter uns liegt der Pico Alto. Anschließend beginnt der steile, mühselige Abstieg durch dichten Wacholderwald zur Sandstraße **Estrada dos Alagadiços** (2.30 Std.), die unterhalb des Pico Alto das zentrale Hochland verlässt und nach Vila Nova an der Küste abfällt. Wir wandern auf ihr nach rechts ins nächste Tal hinauf, biegen auf einen Jeeptrack nach rechts zur anderen Talseite und folgen dort einem alten Inselweg nach links. Vorsicht, manchmal weiden schwarze Kampfstiere in der Talsenke! Sollte dies der Fall sein: Ruhig weitergehen und einen weiten Bogen um die Tiere schlagen.

Der Weg mündet weiter oben wieder in die Sandstraße. Wenn diese in die gigantische Caldeira de Guilherme Moniz – mit 15 km im Durchmesser die größte der Azoren – abzusteigen beginnt, kürzen wir über einen Trampelpfad ab, der zwischen dem Gebüsch steil in den Krater absteigt. Dort auf einer Schotterstraße

100 m nach rechts und weglos nach links auf die Kraterwand zugehen. Wir streifen diese kurz, laufen rechts durch die Sträucher und treffen bei einer Steinhütte wieder auf einen Fahrweg, der am Parkplatz bei der Vulkanhöhle **Algar do Carvão** (3.30 Std.) endet.

Algar do Carvão

Der Vulkan Pico do Carvão besteht aus zwei Kegeln, die aus Schlacken aufgebaut sind, die explosionsartig herausgeschleudert wurden. Nachdem die austretende dünnflüssige Lava die Caldeira do Guilherme Moniz aufgefüllt hatte, lief sie über den im Nordosten niedrigeren Kraterrand nach Fontinhas ab und erreichte sogar die Südküste nahe Feteira. Über beachtliche 9 km dehnte sie sich somit aus. Die Kohlenstoffanalyse (C14-Methode)

eines von der Lava bei Pedreira Branca eingeschlossen Baumstumpfes ergab, dass der Ausbruch vor ca. 2 115 Jahren stattgefunden hat. Ein künstlicher Tunnel verbindet die Außenwelt mit dem einstigen, im oberen Teil dicht mit Moosen und Farnen bewachsenen Förderschlot des erloschenen Vulkans. Überall tropft Wasser von den Wänden. Je weiter wir über die Treppe absteigen, desto kälter wird es. Knapp 100 m tiefer hat sich auf dem Boden des verstopften Schlotes ein je nach Jahreszeit bis zu 15 m tiefer See aus durchsickerndem Regenwasser gebildet. Fantastische Stalagmiten und Stalaktiten aus gelblichweißem Quarz, die durch Kieselsäureablagerungen entstanden, bedecken Boden und Wände. Die stellenweise pechschwarzen Wände aus Obsidian gaben der Höhle auch ihren Namen: *Algar do Carvão* – Kohlengrube.

Durch den Schlot in die Lavagrotte Algar do Carvão

Tour 13

Curraletas und biscoitos

Von Quatro Ribeiras zu den Weinbergen von Biscoitos

Von dschungelartigen Wäldern, Weiden und reichen Blumenhecken auf den Ausläufern der Serra do Labaçal auf Terceira kommen wir zu den Lavafeldern an der Küste. Sie erinnern an einen lockeren Biskuitteig – daher der Name biscoitos.

DIE WANDERUNG IN KÜRZE

+
Anspruch

3.30 Std.
Gehzeit

13 km
Länge

Charakter: Problemlose, einfache Tour auf Asphalt- und Sandstraßen, Feldwegen und Pfaden. Höhenunterschiede werden auf gut angelegten Wegen bequem überwunden.

Wanderkarte: Ilha Terceira, 1:50 000

Einkehrmöglichkeiten: Nur in Biscoitos am Ende der Tour: Laden und Bar (ganzjährig geöffnet), Restaurant und Imbiss am Hafen beim Meerschwimmbecken (nur im Sommer geöffnet)

Anfahrt: Von Angra do Heroísmo aus gibt es keine direkte Verbindung nach Quatro Ribeiras. **Mit dem Bus** nach Praia da Vitória fahren und dort in den Bus nach Biscoitos umsteigen, mehrmals tägl. möglich. Zurück geht von Biscoitos aus ein Bus mehrmals tägl. direkt nach Angra do Heroísmo entlang der Westküste. Infos über Fahrzeiten und die jeweilige Bushaltestelle beim Turismo da Terceira, Rua Direita 74, 9700 Angra do Heroísmo

Hinweise: Bademöglichkeit in den natürlichen Meerschwimmbecken von Biscoitos

Ausgangspunkt der Tour ist die Bushaltestelle am Ortseingang von **Quatro Ribeiras** aus der Richtung von Praia da Vitória gesehen. Zwischen den ersten Häusern und dem Ortsschild zweigt auf der anderen Seite der Küstenhauptstraße eine Fahrstraße den Hang hoch ab. Nachdem wir das erste etwas steilere Stück überwunden haben, flacht der Weg ab und geht in eine breite, rötliche Sandstraße über. Sie windet sich

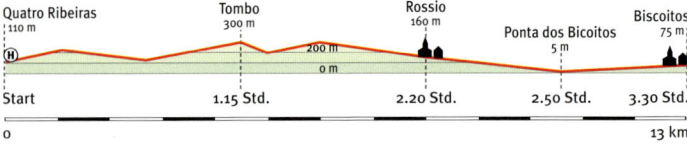

Quatro Ribeiras 110 m	Tombo 300 m	Rossio 160 m	Ponta dos Biscoitos 5 m	Biscoitos 75 m

200 m
0 m

Start | 1.15 Std. | 2.20 Std. | 2.50 Std. | 3.30 Std.

0   13 km

zwischen Viehweiden, die von kilometerlangen, hüfthohen Lavasteinmauern abgetrennt werden, zu den bewaldeten Hängen der Serra do Labaçal hoch. Davor erhebt sich der spitze Berg Pico Alto, einer der höchsten Gipfel der Insel Terceira.

Den ersten Abzweig lassen wir links liegen. An der nächsten Wegverzweigung rechts halten. Nun folgen wir auf gleicher Höhe bleibend den sich wölbenden Konturen der Hänge. Rechter Hand ist der kleine Ort Quatro Ribeiras an der Küste zu sehen. Sein Name leitet sich von den vier Bächen ab, die von den Bergen kommend durch das Dorf fließen. Schließlich wandern wir in einen dichten Mischwald mit Dschungelatmosphäre hinein. In dem vegetativen Chaos aus u.a. Zedern, Lorbeer- und teilweise riesigen Eukalyptusbäumen tobt ein heftiger Kampf ums Licht. An einem Wege-T ist nach rechts bergab Quatro Ribeiras ausgeschildert. Wir laufen jedoch nach links aufwärts.

Im ständigen Auf und Ab schlängelt sich der breite Hauptweg weiter durch das undurchdringliche Grün. Schwül-feuchte Luft, wilder Ingwer und wunderschöne Baumfarne verstärken das exotische Flair. Bei mehreren Abzweigungen in unmittelbarer Nähe der Ribeira do Urzal halten wir uns in Richtung Biscoitos geradeaus. Nicht weit entfernt weicht der Wald auf dem Bergrücken **Tombo** (1.15 Std.) für einen Moment zurück und ermöglicht einen schönen Ausblick über üppig blühende Sträucher, Apfelbäume und Hortensienhecken auf die Küstenebene rund um Biscoitos. In der Ferne ist bei klarer Sicht die Silhouette von Graciosa zu erkennen. In einer anscheinend kaum benutzten großen Viehtränke am Wegesrand haben sich unzählige

Oberhalb von Quatro Ribeiras

Frösche und Kröten ihr ganz eigenes Paradies geschaffen.

Kurz tauchen wir noch einmal in den dichten Wald ab und steigen dann zu offenen Weideflächen auf. Etliche riesige Felsblöcke aus hellem Lavagestein, an die sich winzige Steinhütten anlehnen, haben den Erosionskräften von Wind und Regen widerstanden und wirken ein wenig skurril auf den kleinen grünen Wiesen. Einen sandigen Fahrweg nach links unberücksichtigt lassen. Wenig später erreichen wir bei einer großen Viehtränke erneut eine Wegverzweigung, wo wir bergab in Richtung Biscoitos wandern. Wieder dauert es nicht lange, bis wir auf eine Straßenkreuzung stoßen. Geradeaus führt uns eine nicht ausgeschilderte Schotterstraße durch einen Lorbeerwald – einen Mistério – zur Inselhauptstraße R. En 3-1a. Sie verbindet Biscoitos mit der Hauptstadt Angra do Heroísmo auf der anderen Inselseite.

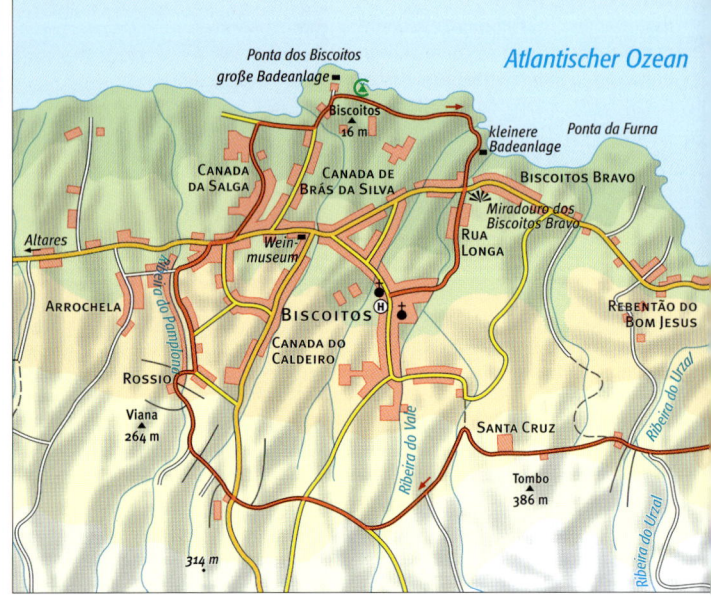

Auf der Inselhauptstraße einige Meter nach rechts bergab gehen, bis nach links ein sandiger Fahrweg abzweigt. Obstgärten säumen nun den gewundenen Weg, der auf den grasbewachsenen Hügel Viana zuläuft. An einer Gabelung nach rechts gehen, dann einen Feldweg kreuzen und an der nächsten Gabelung direkt am Fuße der Erhebung nach rechts abbiegen. Immer geradeaus in Richtung Küste absteigen, bis der gepflasterte Weg scharf nach rechts abknickt und beim Ortsteil **Rossio** (2.20 Std.) auf die Fahrstraße hinab zur Ortsmitte von Biscoitos mündet. Dort links halten. Orographisch rechts eines kleinen Baches wandern wir bequem zwischen hübschen Bauernhäuschen mit Blumen- und Gemüsegärten abwärts. Der schmale Ribeira do Pamplona ist beinahe völlig zugewachsen, wobei uns hauptsächlich die großen Teppiche aus blauen Ackerwinden auffallen.

Vereinzelt erspähen wir auch schon die ersten Weinfelder. Gegenüber einer der charakteristischen Windmühlen mit dem drehbaren roten Holzaufsatz treffen wir auf die Inselrundstraße. Nur einige Meter nach rechts nehmen wir gleich wieder die erste schmale Fahrstraße nach links bergab zur Küste.

Wer das sehenswerte Weinmuseum besuchen möchte, geht noch ein Stück auf der Hauptstraße geradeaus. In der zweiten nach rechts abzweigenden Straße (mit Angra do Heroísmo ausgeschildert) ist es im ersten Gebäude auf der rechten Seite zu finden. Umgeben von unzähligen, streng in kleine Gevierte aufgeteilte Weingärten reihen sich die Häuser des 1 300 Seelendorfes an die Straßen. Hüfthohe Lavasteinmauern schützen die Rebstöcke vor

glühend heißen Lavaflüsse hier mit dem Meerwasser in Berührung kamen, erkalteten sie explosionsartig zu einer wilden Formation aus zackigen Blöcken und bizarren Zungen. Die gashaltige, schaumige Lava, die zu porösem Lavagestein erstarrte, ähnelt dabei lockerem Biskuitteig und erhielt so ihren Namen – auf Portugiesisch *biscoitos*. Es entstanden dazwischen kleine natürliche Becken – ideal zum Baden – und gut geschützt vor den heranbrausenden Wellen, die mit gewaltiger Wucht auf die äußeren Felsen prallen.

Zwischen der Küste und dem Ort oben am flachen Hang dehnen sich schachbrettartig die Weinberge – die curraletas – aus. So entsteht ein kurioser Kontrast zwischen den grauschwarzen Mauern, den hellgrünen Weinreben, den schwarzen Lavaformationen und dem blauen Meer. Entlang der faszinierenden Lavaküste gehen wir weiter. Vor einem kleineren Meerschwimmbecken biegt die Sandstraße von der Küste ab und steigt als Canada do Mar zwischen den Häuserzeilen zur Inselrundstraße auf. Gegenüber steigen wir über eine steile Treppe zum Miradouro do Biscoito Bravo auf, wo sich ein herrliches Panorama über Biscoitos ergibt. Zurück an der Kreuzung steigen wir geradeaus auf dem Canada da Rua Longa durch den Ortsteil Rua Longa zum ›Zentrum‹ nahe einer der Kirchen von **Biscoitos** (3.30 Std.) auf. Hier hält auch der Bus.

den ständig blasenden Winden und verhindern so die Austrocknung und Auskühlung des Bodens.

Im 19. Jh. führte der Flame Francisco Maria Brum die ursprünglich aus Sizilien stammende Verdelho-Rebe ein. Er gründete das erste Weingut der Insel, das noch heute in der vierten Generation unterhalten wird. Zur Weinlese im Herbst herrscht in dem ansonsten eher verträumten Ort rege Betriebsamkeit. Körbe voller köstlicher Weintrauben werden auf der Schulter, per Pferd und Maulesel oder auf dem Pickup transportiert. Wie jeher werden die Trauben noch in großen Fässern mit den Füßen zerstampft.

Unten am Hafen wenden wir uns nach rechts, biegen an der nächsten Kreuzung nach links ab und erreichen auf der **Ponta dos Biscoitos** (2.50 Std.) eine der schönsten Badeanlagen der Azoren. Als die

Vom Meer in den Urwald

Rund um die Wälder von Serreta

Ob wir nun von meerumtosten Kliffen versuchen, Wale zu entdecken oder durch die urwüchsigen Wälder auf den Berghängen der Caldeira de Santa Bárbara wandern, uns erwartet bei Serreta eine wahre Urlandschaft.

DIE WANDERUNG IN KÜRZE

+++
Anspruch

Charakter: Anstrengende und anspruchsvolle Tour mit einem Gesamtanstieg von ca. 800 m auf Fahrwegen, alten Inselwegen und Pfaden. Entlang der Küste ist die Wanderung noch unproblematisch, in den Bergen ist die Wegführung oft undeutlich und die Wege sind zugewachsen. Die Orientierung bereitet daher stellenweise in den Wäldern von Serreta Schwierigkeiten.

5 Std.
Gehzeit

17 km
Länge

Markierung: Zum Teil Holzpfähle mit rotem Ring

Wanderkarte: Ilha Terceira, 1:50 000

Einkehrmöglichkeiten: In Serreta zwei Cafés und ein Laden

Anfahrt: Die **Buslinie** Angra do Heroísmo–Biscoitos über Raminho stoppt mehrmals tägl. in Serreta. Infos über Fahrzeiten und die jeweilige Bushaltestelle beim Turismo da Terceira, Rua Direita 74, 9700 Angra do Heroísmo

Von der Kirche in **Serreta** wandern wir auf der Inselrundstraße EN 1-1a. bequem bergab in Richtung Biscoitos. In Serreta scheint sich in den letzten Jahrhunderten kaum etwas verändert zu haben, außer dass einige Häuser mittlerweile verlassen

sind. So manches halbverfallene Gebäude erzählt noch von dem schrecklichen Erdbeben am Neujahrstag im Jahre 1980, das innerhalb von 11 Sekunden die Häuser auf den Inseln Terceira, São Jorge und Graciosa gleich reihenweise in

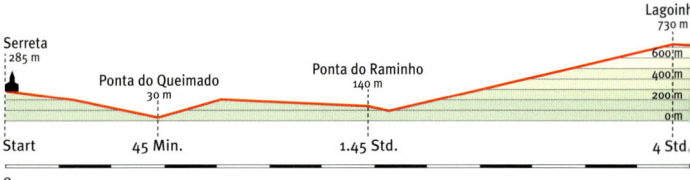

Serreta
285 m

Ponta do Queimado
30 m

Ponta do Raminho
140 m

Lagoinha
730 m

600 m
400 m
200 m
0 m

Start

45 Min.

1.45 Std.

4 Std.

0

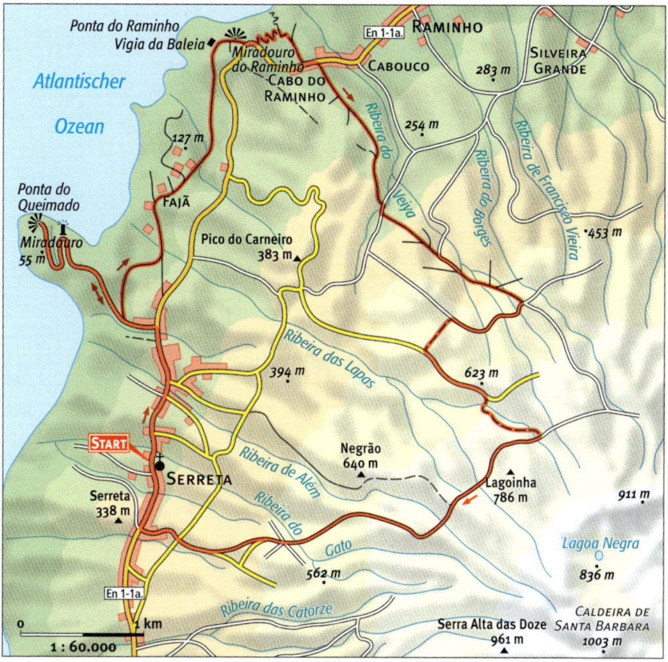

Ponta do Raminho
Vigia da Baleia
Miradouro do Raminho
Cabo do Raminho
En 1-1a.
Raminho
Cabouco
Silveira Grande
283 m
Atlantischer Ozean
127 m
254 m
Ribeira do Veiga
Ribeira do Borges
Ribeira de Francisco Vieira
Ponta do Queimado
Miradouro 55 m
Fajã
Pico do Carneiro 383 m
453 m
Ribeira das Lapas
394 m
623 m
Start
Serreta
Negrão 640 m
Lagoinha 786 m
911 m
Ribeira de Além
Serreta 338 m
Ribeira do Gato
Lagoa Negra
836 m
562 m
En 1-1a.
Ribeira das Catorze
0
1 km
1 : 60.000
Serra Alta das Doze 961 m
Caldeira de Santa Barbara 1003 m

Schutt und Asche legte. Insgesamt gab es 61 Tote, über 5 400 völlig zerstörte Häuser und an die 20 000 obdachlose Insulaner. Am schlimmsten war die Westküste hier auf Terceira betroffen. Viele Bewohner emigrierten nach Amerika. Etliche kamen später wieder zurück, um sich mit dem im Ausland erworbenen Geld in ihrer Heimat eine neue Existenz aufzubauen. An den großen malerischen Schornsteinen der Bauernhäuser lässt sich jedoch der alentejanisch-algarvische Ursprung der meisten Inselbewohner ablesen. Die behauenen Steinplatten der Kamine formen einen rechteckigen, keilförmigen Block. Oft besitzen sie einen Zwillingsschornstein mit zwei runden Abzügen. Und immer verhindert ein kleines ›Schornsteindach‹ aus Ziegeln das Eindringen von Regenwasser. Typisch sind auch die aus behauenen Steinen geformten aventais – eine Art Schutzdach über den Vorderfenstern. Sie sind geradlinig oder gerundet und enden stets in einer Lilie, einer Spitze oder Rosette.

Serreta
285 m
400 m
200 m
0 m
5 Std.
17 km

Nördlich von Serreta erstreckt sich die Landzunge **Ponta do Queimado** (45 Min.) ins Meer. Eine mit ›Farol‹ ausgeschilderte Fahrstraße, der wir nach links folgen, windet sich kurvig hinab. Am Leuchtturm vorbei gelangen wir zu einem Picknickplatz

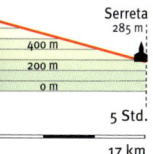

über den Klippen. Ein paar Meter davor führt eine Treppe rechts zu einem ehemaligen Walausguck, der an einer steil abfallenden Felswand liegt. Von der Aussichtsplattform ergibt sich ein hervorragender Blick auf die schroffe Steilküste mit ihren markanten Farbabstufungen, während unter uns die Brandung brodelt und schäumt. Auf dem gleichen Weg steigen wir wieder auf, bis nach links ein Fahrweg aus hellem Bimsgestein in den Wald verschwindet. Jahrhundertelang hat der Nordwesten von Terceira unter den Vulkaneruptionen gelitten und wurde immer wieder unter Lava begraben. In diesen Gebieten war Landbau praktisch unmöglich und somit konnten sich die ursprünglichen Lorbeerwälder ungehemmt ausbreiten – eine seltene Perle der Natur inmitten der ansonsten intensiv landwirtschaftlich genutzten Inselfläche.

Wenig später kommen wir an einem umzäunten religiösen Bildstock links des Weges vorbei. Etwas weiter biegen wir an einem Wege-T nach links ab. Der sandige Fahrweg verläuft durch den märchenhaften Wald im leichten Auf und Ab am Hang entlang. Immer wieder ergeben sich herrliche Ausblicke über die Küste. In der Ferne erheben sich die Inseln São Jorge und Graciosa über dem Meer. Kurz hinter einem Wassertrog gabelt sich der Weg. Wir halten uns auf dem Hauptweg nach rechts. Bei einem Steinhaus mit Feigenbäumen im Garten linker Hand treffen wir auf die nächste Wegverzweigung. Hier, wie auch an der nächsten Verzweigung, wenden wir uns nach rechts. Sobald auf einem kleinen Hügel rechts des Weges ein Steinkreuz und eine Wandermarkierung zu sehen sind, lohnt sich ein kurzer Abstecher. Auf einem Pfad nach links durch das

Gebüsch bis zu einem alten Walausguck (port. *Vigia da Baleia*) auf der **Ponta do Raminho** (1.45 Std.) gehen, die einen fantastischen Ausblick über die Nordwestküste bis Biscoitos bietet.

Die Walausspäher gehörten früher zu den wichtigsten Leuten des Dorfes. Ehrenvoll sind ihre Namen beim Walausguck vermerkt. Ausgewählt wurden natürlich die Männer mit den besten Augen. Stundenlang mussten sie durch die schmalen Sehschlitze Ausschau halten, ob nicht in der Weite des blauen Meeres irgendwo Flossen oder Wasserfontänen auftauchten. Nach dem Erdbeben von 1980 meiden Fischer das Seegebiet westlich von Terceira: Vier Monate lang kamen dort durch eine unterseeische Eruption große und kleine Brocken heißer Lava empor. Und noch heute messen die Seismographen fast jeden Tag leichte, für den Menschen meist nicht spürbare Erdstöße, die durch Reibung der Platten oder durch Bewegung der Magmen tief unter dem Meer zu erklären sind.

Direkt am Miradouro do Raminho mündet der Fahrweg dann in die Inselrundstraße. Wenige Meter bergab zweigt nach links eine markierte Wanderroute von der Straße ab. Ein Pfad klettert in steilen Kehren die bewaldete Böschung hinunter. Unten an der Wegverzweigung wandern wir nach rechts weiter. Bald knickt der Pfad nach links ab, verläuft zwischen Viehweiden entlang einer Steinmauer und endet dann an einem Feldweg. Letzterer führt uns nach rechts wieder zur Inselhauptstraße bei den Häusern von **Cabo do Raminho** hoch. Erneut folgen wir ihr nur ein kleines Stück nach links, bis nach rechts ein Feldweg bergauf abzweigt. Die Wandermarkierungen lei-

ten uns auf dem alten Inselweg caminho velho beständig durch ein Labyrinth von Feldwegen und -pfaden
bergauf. Offene Weideflächen wechseln sich dabei mit Waldpassagen
ab.

Schließlich erreichen wir einen
breiten, sandigen Fahrweg, der von
Weiden umgeben ist. Dort nach
rechts wenden. Einige Meter weiter
biegt die markierte Wanderroute
nach links hinauf ab, während wir
auf dem Fahrweg bleiben, der geradeaus in den dichten Lorbeerwald
hochführt. Der **Mistério** (vgl. Tour
25) von Mata da Serreta (dt. Wald
von Serreta) ist mittlerweile ein Naturschutzgebiet. In zahlreichen Windungen umlaufen wir mitten im dichten Wald eine kegelförmige Erhebung, die links von uns über den
Baumkronen hinausragt. Wenn der
Fahrweg endgültig zur Küste absteigt, entdecken wir links einen alten, abenteuerlichen Inselweg. Nicht
von dem wilden Ingwer abschrecken
lassen, der den Weg überwuchert.
Es dauert nicht lange und wir stoßen
auf eine Asphaltstraße, auf der wir
nach links weiter in die Berge aufsteigen.

Kurz nach dem höchsten Punkt
treffen wir wieder auf eine markierte Wanderroute, die in einer Links-
kehre nach rechts von der Fahrstraße abzweigt. Der Waldweg bricht
abrupt an einem Zufluss der Ribeira
da Lapa ab, der sich hier tief in das
Erdreich hineingefressen hat und
stellt so ein unüberwindliches Hin-
dernis dar. Ab hier sind die Wandermarkierungen im dichten Wald teilweise schlecht zu sehen. Manchmal
müssen wir etwas suchen. Zunächst
geht es orographisch rechts der
Bachschneise bergauf, bis sie bei
der nächsten Markierung abflacht,
sodass sie dort zu durchqueren ist.

Auf der anderen Seite jagen uns die
Markierungen auf einem weiteren alten Waldweg steil den Berghang
hoch. Der Weg endet im dichten Gestrüpp an einer steilen Böschung.
Über einen Trampelpfad gelangen
wir hinab, wo es nach rechts auf einem vom Regen arg beschädigten
Weg weiter aufwärts geht. Endlich
erreichen wir unterhalb des Gipfels
Lagoinha (dt. kleiner Teich; 4 Std.)
einen sandigen Fahrweg.

Dort wenden wir uns nach rechts
leicht bergauf. Nach dem Passieren
eines Bergrückens verlassen wir die
markierte Wanderroute, die nach
rechts in den Wald hinabläuft. Am
Hang entlang wandern wir um eine
Felsnase herum und treten aus dem
Wald heraus. Über die mit Hortensienhecken und endlosen Lavasteinmauern begrenzten Weiden genießen wir einen schönen Ausblick
über die Westküste bei Serreta.
Nach einem kurzen Marsch schwingt
sich der sandige Fahrweg zur Küste
abwärts, schlängelt sich über einen
Bergrücken hinab und kreuzt dann
die Ribeira do Gato im linken Einschnitt.

Anschließend geht der Straßen-
belag von Sand in Asphalt über.
Nach einer offenen Fläche verzweigt
sich der Weg. Wir wählen den sandigen Fahrweg nach rechts zwischen
Hortensienhecken bergab. Wir wandern an einer Grube vorbei und stehen wenig später an einer Fahrstraße. Unter uns können wir schon
Serreta liegen sehen. Auf dem kür-
zesten Wege steigen wir über kreuz
und quer verlaufenden Fahrstraßen
zur Inselrundstraße am Ortseingang
von **Serreta** (5 Std.) ab. Nach rechts
gelangen wir zur Kirche mitten im
Dorf.

Tour 15

Zur Bucht von Salga

Von São Sebastião rund um die Höhe Contendas

Die kurzweilige Tour im äußersten Südosten der Insel Terceira bei São Sebastião führt von der historisch bedeutsamen Baía da Salga in das Naturreservat Ilhéus das Três Marias in der Baía das Mós.

DIE WANDERUNG IN KÜRZE

++
Anspruch

2.15 Std.
Gehzeit

8 km
Länge

Charakter: Kurze, aber nicht ganz einfache Tour auf Fahrstraßen, Feldwegen und querfeldein. Der Streckenverlauf ist nicht immer eindeutig, daher ist Orientierungsvermögen erforderlich.

Markierung: Streckenweise Holzpfähle mit rotem Ring

Wanderkarte: Ilha Terceira, 1:50 000

Einkehrmöglichkeiten: Snackbar in der Baía da Salga im Sommer und Läden, Cafés und Bars in São Sebastião

Anfahrt: Mit der Buslinie Angra do Heroísmo–Praia da Vitória mehrmals tägl. über São Sebastião. Infos über Fahrzeiten und die jeweilige Bushaltestelle beim Turismo da Terceira, Rua Direita 74, 9700 Angra do Heroísmo

Hinweise: Bademöglichkeit in der Baía da Salga

Ausgangspunkt der Tour ist die **Igreja São Sebastião** im Zentrum des gleichnamigen Ortes. Im Innern der wuchtigen, gotischen Pfarrkirche aus dem 15. Jh. befinden sich sehenswerte Fresken, insbesondere von der Heiligen Maria Magdalena, dem Heiligen Martin und der Heiligen Bárbara. Zunächst folgen wir der Küstenhauptstraße in Richtung Angra do Heroísmo. Nur ein paar Meter weiter steht auf der linken Seite eine der schönsten Impérios Terceiras, obwohl unter den mehr als 50 reich verzierten Heilig-Geist-Kapellen der Insel die Wahl schwer fällt. Die Bildnisse von Brot, Wein und Fleisch auf dem Treppenabsatz weisen darauf hin, dass sich unter dieser Kapelle ein Lagerraum für die Lebensmittel –

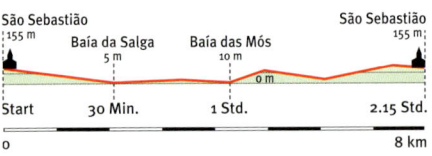

São Sebastião 155 m · Baía da Salga 5 m · Baía das Mós 10 m · 0 m · São Sebastião 155 m

Start · 30 Min. · 1 Std. · 2.15 Std.

0 · 8 km

›die Spenden‹ – angliedert, die während des Festes als ›Armenspeisung‹ verteilt werden. Alle Kapellen tragen auf der Spitze ihrer schmucken Giebelseite eine weiße Taube oder eine Krone. Im Innern sind auf einem Altar die Kaiserkrone und das Zepter auf einem Silberteller ausgestellt.

Hinter den letzten Häusern São Sebastiãos zweigt von der Hauptstraße eine Fahrstraße nach links zur Küste hinab ab, der wir folgen. Über uns bilden dichte Laubbäume ein grünes Blätterdach. Mehrere Meter tief ist der Weg ins Erdreich gegraben worden. Die hohen Erdwände links und rechts von uns sind von Moosen und Farnen grün gefärbt. Nachdem wir eine weitere Fahrstraße gekreuzt haben, prägen mit Lavasteinmauern umgrenzte Felder das Bild. Terceira ist die am besten erschlossene Insel der Zentralgruppe. Die sanften, fruchtbaren Hänge boten von jeher schon die ideale Grundlage für eine intensive landwirtschaftliche Nutzung. Bald nahm Terceira auch eine bedeutende Stellung in der Seefahrt des 15. und 16. Jh. ein. Es diente den reich beladenen Schiffen aus Amerika und Indien als Anlegehafen, die sich hier mit neuem Proviant versorgten. Reger Handel setzte ein. So kam die Süßkartoffel zu Beginn des 16. Jh. auf die Insel, noch bevor sie in Europa eingeführt wurde. Im milden Klima der Azoren gedieh sie prächtig und ist seitdem zusammen mit dem Mais ein wichtiger Bestandteil der azoreanischen Ernährung.

An einer großen Viehtränke gabelt sich der Weg. Nach links läuft ein sandiger Fahrweg auf die niedrige Vulkanerhebung Contendas zu. Wir halten uns dagegen nach rechts weiter auf der Fahrstraße bequem bergab. Abzweigende Feldwege werden nicht beachtet. Schließlich schwenkt die Straße nach rechts und erreicht gegenüber des Meerschwimmbeckens die **Baía da Salga** (30 Min.), die Schauplatz einer der denkwürdigsten Schlachten der Kriegsgeschichte geworden ist. Rechts der Badeanlage erstreckt sich der Campingplatz idyllisch unter Schatten spendenden Bäumen.

Auf der Küstenstraße geht es nun im leichten Auf und Ab nach links weiter. Winzige Weingärten pressen sich unterhalb des Vulkanhügels Contendas an den Hang. Über das blaue Meer hinweg wird der Blick von den rötlichen Felsen der Ilhéus das Cabras (dt. Ziegeninseln) eingefangen. Es sind die Reste eines alten Vulkankraters. An einer Kiesgrube vorbei gelangen wir an die Wegverzweigung beim Leuchtturm von Contendas. Dort laufen wir geradeaus hinab zur Baía da Mina. Nur wenig später liegt rechter Hand die schöne Landzunge Ponta das Contendas, auf deren dunklem Sockel hellere graue und rote Aschen und Schlacken aufsitzen.

Sobald die schmale Asphaltstraße nach links abknickt, öffnet sich der Blick auf die landschaftlich reizvolle Baía da Mina (dt. Grubenbucht), die auf den neueren Karten auch als **Baía das Mós** (dt. Bucht der Schleifsteine; 1 Std.) bezeichnet wird. Auch hier sind die unterschiedlichen Vulkanablagerungen klar erkennbar, die von schwarz bis hellrot leuchtende Farbschattierungen aufweisen.

Die Bucht gehört mit der lang gezogenen Ponta da Mina und der kleinen Ilhéu da Mina mittlerweile zum Naturreservat Ilhéus das Três Marias. Denn überall auf den farbenprächtigen Kliffen und Felsen nisten unzählige Seevögel. Unten verbreiten links des Weges Lavendelfelder einen angenehmen Duft. Am Fuße des Vulkankegels Pico dos Comos zweigt nach rechts ein Feldweg ab, der mit einem Gatter versperrt ist. Davor beginnt die markierte Wanderroute. Wir verlassen die Asphaltstraße und folgen nach links einem Trampelpfad, der in den dichten, niedrigen Laubwald auf den Pico dos Comos hochführt. Stellenweise steigen wir über Stufen auf, die in das Lavagestein gehauen wurden. Oben folgen wir den Windungen des deutlichen Pfades weiter durch den Wald, passieren mehrere Lavasteinmauern und überqueren eine kleine Holzbrücke aus Baumstümpfen.

Kurz danach stehen wir an einem Aussichtspunkt, der einen fantastischen Blick in die Tiefe der Steilküste gewährt. Wir verlassen dann den Aussichtspunkt nach rechts. Nicht weit entfernt endet der Pfad an einer Mauer mit Stacheldraht. Etwas im Gebüsch versteckt finden wir eine Holzpforte, durch die wir auf eine Wiese kommen. Rechts vor uns am oberen Ende der Wiese erhebt sich ein weißes Podest mit Grenzpfosten,

auf das wir zuhalten. Eine kleine Treppe hilft dort hinauf. Es markiert den höchsten Punkt der Umgebung, von dem wir eine herrliche Aussicht genießen: über die Südostküste in Richtung Praia da Vitória, zurück in Richtung Angra do Heroísmo und ins Landesinnere über São Sebastião zum Bergkamm der Serra do Cume.

Von diesem Aussichtspunkt wenden wir uns nach links und wandern quer über die folgende Wiese. An deren Ende treffen wir beim Gatter wieder auf eine Markierung. Die Markierungen sind auf den pfadlosen Abschnitten nicht immer sofort erkennbar. Über eine Treppe wird die Begrenzungsmauer überwunden. Auch die nächste Weide überqueren wir und verlassen sie durch die rechte Öffnung. Wir stehen nun an einem Abhang. Vor uns formen die Felder wieder einen riesigen Flickenteppich in allen Tönen von Grün und Braun. Noch drei weitere Weiden (immer an der Steinmauer auf der linken Seite orientieren) sind steil bergab zu durchqueren, bis wir auf ein Feldweg stoßen.

Dieser führt uns zu einer Fahrstraße hoch. Einige Meter nach links zweigt von ihr ein Feldweg ab, der nicht lange danach an einem Gatter endet. Dieses passieren wir. Die Markierungen leiten uns quer über zwei Weiden, an einem Wäldchen rechter Hand vorbei. Dann gehen wir geradeaus über zwei weitere Weiden. Am Ende der dritten Weide setzt sich die Wanderung nach rechts auf einem Pfad durch dichtes Gebüsch fort. Sobald wir aus dem Hain heraustreten, verzweigt sich der Weg. Wir nehmen den undeutlicheren Pfad geradeaus, der bald nur noch eine vage Spur im Gras zwischen den Gemüsegärten bildet. Nachdem wir eine Steinmauer durch

Ponta das Contendas: Typisch für Terceira sind die schachbrettartig angelegten Felder zwischen Lavasteinmauern.

eine Lücke gequert haben, halten wir uns leicht nach links. Auf der anderen Seite des kleinen Feldes stoßen wir auf einen alten Steinpfad, auf dem wir absteigen. Er mündet links eines Hauses auf den Largo das Fontes in **São Sebastião** (2.15 Std.). Am imposanten Brunnen auf der rechten Seite des Platzes vorbei ist es nicht mehr weit über die Rua da Igreja zur Kirche an der Hauptstraße.

Die Schlacht in der Baía da Salga

Als der spanische König Philipp II. 1580 den portugiesischen Thron bestieg, ergriffen die Bewohner von Terceira die Partei des portugiesischen Thronanwärters Dom António, Prior do Crato, der auf der Insel residierte und zum Ärger der Spanier sogar eigene Münzen prägen ließ. In der Frühe des 25. Juli 1581 legten die ersten spanischen Schiffe in der Bucht von Salga an. Es entbrannte ein erbitterter Kampf. Als die junge und schöne Brianda Pereira ihr zerstörtes Heim erblickte, stellte sie sich mit anderen von ihr zusammengerufen Frauen ebenfalls dem Feind entgegen. Als man sich der Übermacht der angreifenden Spanier beinahe nicht mehr zu erwehren wusste, kam dem Augustinermönch Frei Pedro eine Idee. Schnell trieb man über 1 000 Rinder zusammen und jagte die riesige Herde unter Geschrei und Musketenschüssen auf die Spanier. Diese wichen vor Schreck zum Strand zurück, wo sie fast alle ihr Leben ließen – sei es im Kampf, zu Tode getrampelt oder ertrunken in den Fluten während ihrer verzweifelten Flucht zu den Schiffen.

Zu den Windmühlen von Fontes

Von Santa Cruz da Graciosa zu den Windmühlen in Fontes

Das bezaubernde Straßendorf Fontes mit zwei der typischen Windmühlen von Graciosa schmiegt sich oberhalb von Santa Cruz an die kultivierten Hänge des niedrigen Bergrückens Serra das Fontes.

DIE WANDERUNG IN KÜRZE

+ Anspruch	**Charakter:** Gemütliche Rundwanderung durch offenes Gelände über Straßen und Feldwege mit einem kurzen An- und Abstieg bei der Serra das Fontes
1.30 Std. Gehzeit	
	Wanderkarte: Ilha Graciosa, 1:50 000
6 km Länge	**Einkehrmöglichkeiten:** Keine

Anfahrt: Der Hauptplatz in Santa Cruz ist zu Fuß zu erreichen.

Hinweise: Besichtigung der restaurierten Mühle in Fontes vor der Tour im Museu da Graciosa in Santa Cruz vereinbaren

Die Tour startet am schönen Hauptplatz in **Santa Cruz,** dem Praça Fontes Pereira de Melo. Er wird umsäumt von Ulmen, Araukarien- und Drachenbäumen. Die zwei großen Wasserbecken dienten ehemals als Viehtränke. Wir folgen vom Platz der Rua Marquês de Pombal in Richtung Praia.

Nach knapp 30 m führt die Hauptstraße nach Praia an einer Kreuzung nach links und zweigt hinter der Igreja do Misericórdia in die Rua Infante Dom Henrique ab. Auf dieser Straße passieren wir rechter Hand den Monte da Ajuda und laufen an der Küste

entlang weiter. Nach rechts schweift der Blick über Mais- und Weizenfelder auf die sanften Umrisslinien der Serra das Fontes und Fontes, während links die weißen Häuser von Cais da Barra vor dem intensiven Blau des Meeres leuchten. Ein leichter Anstieg führt uns um den kleinen Vulkankegel Pico da Forca herum. Gegenüber einem Haus zweigt der Feldweg Canada da Rosa zwischen hohen Lavasteinmauern ab.

Zwischen den von Mauern umgrenzten Feldern beginnen wir mit dem Anstieg auf die Serra das Fontes. An einer Verzweigung halten wir uns geradeaus. Der Weg wird nun etwas steiler und verwilderter, ist aber gut zu gehen. Bei der nächsten Verzweigung wenden wir uns nach rechts und wandern am Hang entlang weiter. Zur Küste hin ergibt sich ein schöner Blick über das bunte

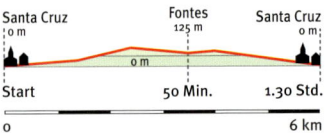

Santa Cruz 0 m	Fontes 125 m	Santa Cruz 0 m
Start	50 Min.	1.30 Std.

0	6 km

Schachbrettmuster der Felder und das weite Meer.

Vor dem ersten Haus von Fontes erreichen wir links über einen kurzen, steilen Pfad eine der berühmten Windmühlen von **Fontes** (50 Min.). Von hier oben genießen wir einen herrlichen Ausblick über den Nordwesten der Insel mit seinen zahlreichen kleinen Vulkankegeln bis Santa Cruz an der Küste. Deutlich hebt sich auch die zweite Windmühle auf der anderen Seite von Fontes von ihrer grünen Umgebung ab. Die knallroten zwiebelförmigen Holzkuppeln auf dem strahlend weiß gekalkten Steinunterbau lassen sich je nach Windrichtung mit Hilfe eines langen hölzernen Steuers drehen, das am Boden befestigt wird. Die Flügel können mit Tuch bespannt werden, damit sie auch eine schwache Brise einfangen können.

Wir gehen zurück zum Feldweg (hier ›Canada de Trás-do-Pico‹ ausgeschildert), der nach ein paar Metern in die gepflasterte Straße mündet, die durch Fontes führt. 200 m nach links steil hoch und dann bei einer Straßenverzweigung mitten im Dorf rechts, so gelangen wir zur

Eine der steilen Straßen in dem malerischen Dorf Fontes

zweiten Windmühle, die auch von innen besichtigt werden kann. Zurück an der gepflasterten Straße Camino de Santo Amaro Lourdes wenden wir uns nach links und folgen der Straße, die zwischen den malerischen Häuschen hindurch moderat bergab führt. Der Caminho de Santo Amaro Lourdes endet an der Hauptstraße beim Ortseingang von **Santa Cruz** (1.30 Std.). Von hier aus sind es noch 500 m nach rechts bis zum Hauptplatz im Zentrum der Stadt.

Die Windmühlen von Graciosa

Moinhos de Vento heißen sie auf portugiesisch und sind eins der Wahrzeichen von Graciosa. Im Innern wird die Bewegung der Flügel mit Hilfe von Zahnrädern auf die Mahlsteine übertragen, zwischen denen Mais- und Weizenkörner zerrieben werden. Sie erinnern an die Mühlen im Norden Europas, dennoch ist ihr Ursprung noch immer umstritten. Sicher ist nur, dass auf den Azoren das Mahlen von Getreide ein königliches Vorrecht war. Dieses wurde als Gnadenerweis ebenfalls Großgrundbesitzern und Adligen erteilt. Erst zu Beginn des 19. Jh. und mit dem Ende des Absolutismus wurde das Mahlen von Steuern befreit. Die erste Windmühle soll nach Anregung eines Paters auf Terceira errichtet worden sein. Andere folgten und die Mühlen breiteten sich über den ganzen Archipel aus, wobei sie sich von Insel zu Insel zum Teil sehr unterscheiden. Auf Graciosa ist es die Kuppe, die beweglich ist. Auf São Jorge lässt sich z.B. der ganze hölzerne Mühlenkörper drehen. Und auf Flores gibt es fast nur Wassermühlen.

Eine der Windmühlen von Fontes

Lavaküste und ländliche Idylle

Von Santa Cruz nach Praia quer durch Graciosa

Diese Tour durchquert Graciosa von der schwarzen Lavaküste im Norden durch das hügelige Inselinnere in den Südosten. Wir lernen so ein idyllisches, durch Landwirtschaft geprägtes Eiland kennen.

DIE WANDERUNG IN KÜRZE

++
Anspruch

6 Std.
Gehzeit

23 km
Länge

Charakter: Unschwierige, etwas längere Wanderung über Asphalt- und Sand-straßen, Feld- und Wald-wege, Pfade und querfeld-ein mit bequemen An- und Abstiegen. Einige Pfade können dicht bewachsen sein.

Wanderkarte: Ilha Gracio-sa, 1:50 000

Einkehrmöglichkeiten: Café und kleiner Laden in Ribeirinha und Praia, Snackbar in Praia

Anfahrt: Busse fahren von Mo.–Fr. mehrmals täglich von Praia nach Santa Cruz zurück (letzter ca. 17.15 Uhr). Info: Tourismusbüro Graciosa. Ansonsten das **Taxi** nehmen

Vom Hafen in **Santa Cruz** aus folgen wir der Küstenstraße in Richtung Aeroporto/Barro Vermehlo in den Norden der Insel. Auf der Hafenmauer oder auch auf einsamen Wegen an der Küste liegen oft rote Algen zum Trocknen aus. Sie waren in den 60er und 70er Jahren des letzten Jahrhunderts noch eine wichtige Einkommensquelle der Inseln. Aus ihnen wird das Produkt Agar-Agar gewonnen, das zur Herstellung von Medikamenten und einer speziellen Textilfaser für Nylonstrümpfe oder bei Stretchverbänden verwendet wird.

Am Ortsende schlängelt sich die Straße entlang der Küste zwischen Weinfeldern und Weiden hindurch und führt in einem weiten Bogen rechts um den Flugplatz herum. Bei den sich wüst auftürmenden Lavaformationen von Barro Vermehlo lädt ein Picknickplatz mit Badebucht zum Verweilen ein. Gegenüber auf der anderen Straßenseite liegen Stierweiden. Davor befindet sich ein Verladeplatz mit den üblichen Lattenkisten, in denen die massigen Tiere zum Stierkampf gebracht werden. Tamarisken säumen nun die Straße bis zur Kreuzung beim Leuchtturm. Auf halbem Wege auf dem Zubringer zum **Farol da Ponta da Barca** (45 Min.) zweigt nach rechts ein Pfad zwischen den Tamarisken hindurch ab. Entlang der Steilküste und vom Leuchtturm aus bieten sich grandiose Blicke in die Tiefe auf die zerklüfteten Lavafelsen, zwischen denen das leuchtend blaue Meer tobt.

Wir gehen zurück zur Straße. Direkt gegenüber der Zufahrt zum Leuchtturm beginnt zwischen den Weinfeldern, die wie ein riesiges Schachbrett den Norden der Insel beherrschen, ein Kiesweg. Zusehends wird dieser schmaler und immer dichter bewachsen. Nach dem letzten abrupten Knick nach links biegen wir nach rechts auf einen Feldweg ab, der zu den Häusern von Bom Jesus leicht hoch ansteigt. Dort wenden wir uns auf der Straße nach rechts und wandern durch das etwas düster erscheinende Straßendorf aus alten Steinhäusern wieder zur Küstenstraße hinab.

Nur wenig weiter in Richtung Vitória zweigt nach links den Hang hoch ein zunächst noch asphaltierter Feldweg ab, der nach einer scharfen S-Kurve auf einer Wiese endet. Durch ein Gatter auf der rechten Seite gelangen wir auf eine weitere Wiese, von der aus wir weglos über mehrere Wiesen und Lavasteinmauern zum Sattel zwischen den beiden Vulkankegeln Pico das Bichas und Barcelos hochsteigen. Hier halten wir nach rechts auf den Pico Barcelos zu. Ein Gatter weist auf einen Feldweg. Auf dem wenden wir uns nach links um den dicht bewaldeten Vulkankegel herum und steigen mit schöner Aussicht über den Mittelteil der Insel zur Straße durch das Weindorf Terra do Conde bequem ab. Hier reift u. a. der Terra do Conde, einer der bekanntesten Weißweine des Archipels. Er ist leicht, trocken und von fruchtigem Aroma.

Auf der Dorfstraße nach rechts kommen wir zur Kreuzung beim **Cruz da Vitória** (2 Std.). Ein Kruzifix und der Name des Ortes Vitória – die Siegreiche – erinnern an die Nieder-

lage maurischer Piraten im Jahre 1623 gegen die mit Sensen und Hacken bewaffneten Bauern.

Wir gehen geradeaus weiter. Kurz danach schwenkt die Asphaltstraße scharf nach rechts und geht in einen Feldweg über, den Canada do Moreno. Zwischen Mais- und Weizenfeldern und Weiden steigen wir bequem auf. Linkerhand liegt der hufeisenförmige Pico da Brasileira. Am Ende des Weges heißt es links weglos weitergehen, leicht bergauf über Weiden und Mauern bis zu einer Steinhütte. Dort verschwindet nach rechts ein alter Inselweg in den Wald beim Pico das Terças, wir wandern auf ihm jedoch nach links und treffen zwischen den Häusern von Jorge Gomes wieder auf eine Asphaltstraße. Auf dieser laufen wir nach links bergauf, bis unterhalb der Kuppe Caldeiras nach rechts die Straße zum malerischen Dörfchen **Ribeirinha** (3 Std.) am Fuße der Serra Branca abzweigt.

Vom Rondell in der ›Ortsmitte‹, um das sich die Kirche Nossa Senhora da Esperança, die Bushaltestelle und der örtliche Treffpunkt – das Café Novo Mundo mit kleinem Laden – scharen, folgen wir der inselumrundenen Küstenstraße in Richtung Luz die Serra Branca hinauf. Die nächste Abzweigung nach links, der wir folgen, ist leicht zu erkennen (walking trail nach links ausgeschildert und Informationstafel über Naturpfade auf den Azoren). Gemächlich schiebt sich die neu angelegte Sandstraße

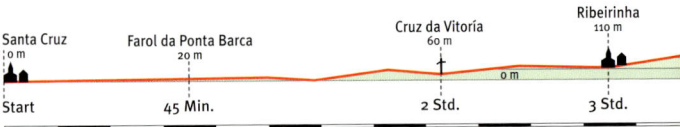

Santa Cruz 0 m	Farol da Ponta Barca 20 m		Cruz da Vitória 60 m	Ribeirinha 110 m
Start	45 Min.	0 m	2 Std.	3 Std.

Der grüne Schlund Caldeirinha

weiter zum Windmühlenpark hoch. Eine Linksabzweigung bleibt unberücksichtigt. Der Park ist eines der EU-Hilfsprojekte für die Azoren und wurde von einem deutschen Unternehmen errichtet. Die Windräder produzieren immerhin 15 bis 20 % des Inselstromes.

Gegenüber des Parks erhebt sich der höchste Punkt der **Serra Branca,** die **Caldeirinha** (dt. kleine Caldeira; 3.50 Std.). Vom Weg auf dem Kraterrand blicken wir in den tiefen, engen Schlot des kleinen Vulkans, der wie der Eingang zum Hades wirkt. Jedoch von hier oben wird auch klar, warum die Insel Graciosa – die Liebliche, die Anmutige – genannt wird. Sanft schwingen sich die Hänge der Serra das Fontes, Dormida und Branca in die Ebene um Santa Cruz hinab. Im leicht gewellten Hügelland

bestimmt die Landwirtschaft das friedliche Bild. Fast jedes Feld verfügt auf dem für azoreanische Verhältnisse recht niederschlagsarmen Graciosa über eine grota. So wird auf portugiesisch ein Sammelbecken genannt, aus welchem die benachbarten Felder bewässert werden.

Wir ignorieren die Asphaltstraße und steigen auf einem alten Steinpfad vor dem Krater steil ab, passieren rechter Hand ein Wasserpumphaus und erreichen bei zwei großen Wasserbecken die Verbindungsstraße zwischen Manuel Caspar und Almas. Nach rechts zum Teich weitergehen. Bei den ersten Häusern von Almas zweigt nach rechts eine breite Sandstraße ab. Sie führt auf der Flanke der Serra Dormida durch Weiden hindurch. Auf der anderen Seite des Tales linker Hand ragen die be-

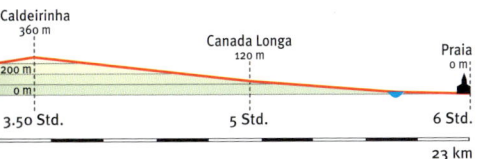

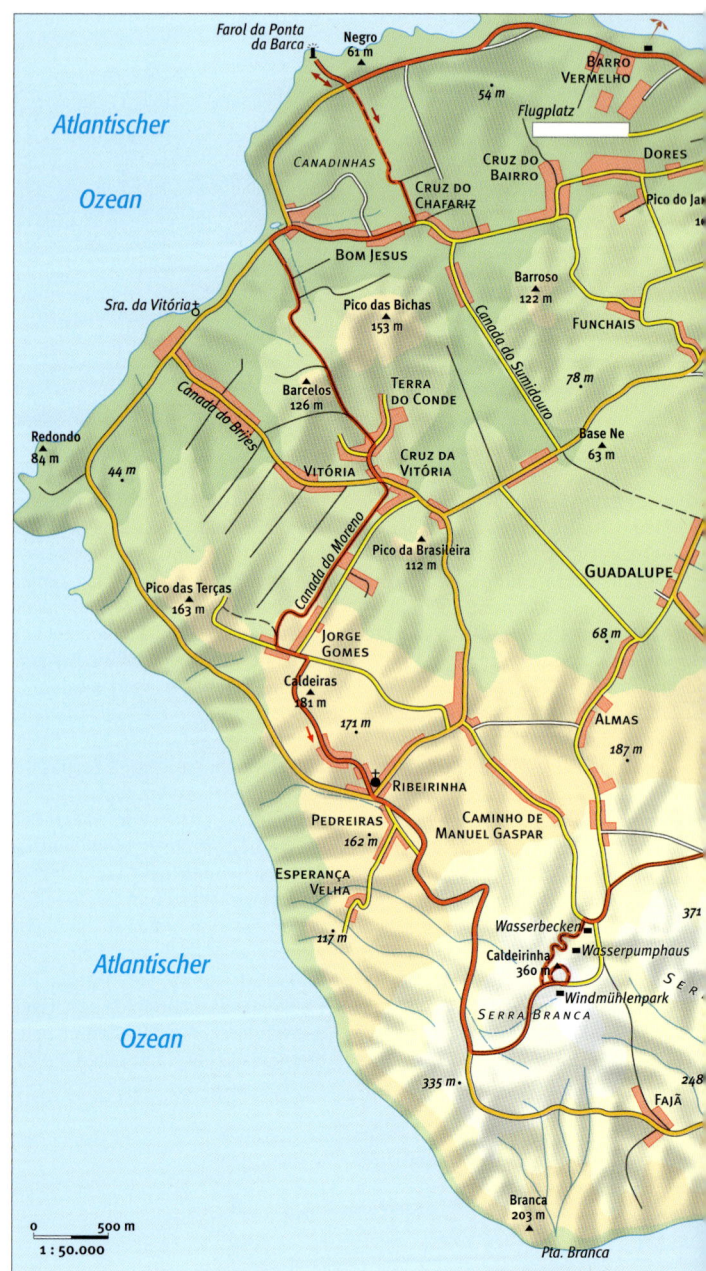

Farol da Ponta
da Barca

Negro
61 m

BARRO
VERMELHO

54 m

Flugplatz

CANADINHAS

CRUZ DO
BAIRRO

DORES

Atlantischer

Ozean

CRUZ DO
CHAFARIZ

Pico do Jan

BOM JESUS

Sra. da Vitória

Pico das Bichas
153 m

Barroso
122 m

FUNCHAIS

Canada do Sumidouro

78 m

Barcelos
126 m

TERRA
DO CONDE

Canada do Brites

Redondo
84 m

44 m

VITÓRIA

CRUZ DA
VITÓRIA

Base Ne
63 m

Pico das Terças
163 m

Canada do Moreno

Pico da Brasileira
112 m

GUADALUPE

68 m

JORGE
GOMES

Caldeiras
181 m

171 m

ALMAS

187 m

RIBEIRINHA

PEDREIRAS
162 m

CAMINHO DE
MANUEL GASPAR

ESPERANÇA
VELHA

117 m

Wasserbecken

Caldeirinha
360 m

Wasserpumphaus

S E R

Windmühlenpark

371

SERRA BRANCA

335 m

248

FAJÃ

Branca
203 m

Pta. Branca

Atlantischer

Ozean

0   500 m
1 : 50.000

waldeten Hänge der Serra das Fontes auf.

Mehrere Wege münden in unseren breiten Hauptweg (hier zweigt auch auf dem Canada Velha die markierte Wanderroute ab), doch erst wenn letzterer durch den Wald absteigt und vor einer Mauer eine scharfe Kehre nach links macht, verlassen wir ihn in der Kurve nach rechts. Kurz darauf stehen wir an der Straße beim Ortseingang von **Canada Longa** (5 Std.).

Ein paar Meter nach rechts setzt sich links der Straße der Waldweg fort. Bei einer Weggabelung halten wir uns rechts und gelangen mitten im Wald zu einem imposanten verlassenen Landgut. Ehemals gediehen hier prächtige Obst- und Gemüsegärten auf der Lavazunge, die vom Pico Timão, dem höchsten Gipfel der Serra Dormida, abfloss. Wir gehen um das hohe Gebäude rechts herum und treten unterhalb der bewaldeten Hänge der Serra das Fontes aus dem Wald.

An der nächsten Verzweigung wenden wir uns nach rechts und steigen mit fantastischer Aussicht auf die Caldeira den Pico da Ladeira do Moiro (auf seinem Gipfel thront die Kapelle Senhora da Saudé) ab. Der zunächst schmale Graspfad wechselt in einen Steinweg, in den sich von jahrhundertelanger Nutzung tiefe Räderspuren in das Basaltgestein gegraben haben.

An der Hauptstraße nach Praia fehlen knapp 20 m nach rechts zur nächsten Abzweigung. Ein Holzpfahl mit roter Wandermarkierung zeigt uns, dass wir uns erneut auf der vom Tourismusbüro markierten Strecke befinden. Wir folgen ihr nach links in etlichen Kurven an schönen alten Gehöften vorbei auf die Küste zu. Kurz hinter der kleinen Kirche Santa Ana von **Lagoa** (5.40 Std.) geht es bei einem Wege-T nach rechts. Die Straße überquert geradeaus durch das beschauliche Dorf einen Hügel. Bei der großen Wegespinne am Rand von **Praia** (6 Std.) wählen wir die Straße geradeaus zum Ortszentrum. An der großen Kirche São Mateus aus dem 16. Jh. gelangen wir weiter geradeaus durch ein Tor in der gigantischen Stadtmauer an einen der seltenen weißen Sandstrände der Azoren. Zur Bushaltestelle geht es vor der Kirche nach rechts.

Der schöne Strand von Praia zieht sich entlang der großen Stadtmauer.

Zum unterirdischen See

Tour 18

Von Carapacho rund um die Caldeira

Rund um die Caldeira im Osten von Graciosa bieten sich schöne Ausblicke über das Eiland und zu den anderen Inseln der Zentralgruppe. In ihrem Inneren befindet sich die spektakuläre Vulkangrotte Furna do Enxofre.

DIE WANDERUNG IN KÜRZE

++
Anspruch

5 Std.
Gehzeit

20 km
Länge

Charakter: Bequeme, etwas längere Rundwanderung über Asphalt- und Sandstraßen und auf alten Inselwegen durch Dörfer, Wälder und Weiden

Wanderkarte: Ilha Graciosa, 1:50 000

Einkehrmöglichkeiten: : Kleiner Laden und Snackbar in Luz, kleiner Laden in Canada Longa, Café und Snackbar Dolphin in Carapacho

Anfahrt: In Santa Cruz von der Rua João IV **mit dem Bus** nach Carapacho fahren. Dieser verkehrt jedoch nur Do. (Juli – Sept. auch Di. u. Fr.) morgens und nachmittags wieder

zurück, wobei kaum Zeit für Pausen beim Wandern übrig bleibt. Info Tourismusbüro Graciosa. Am besten das **Taxi** nehmen

Unterkunft: Bei Anfahrt mit dem Bus empfiehlt es sich, in Carapacho zu übernachten. Es gibt einen Zeltplatz mit einfachen sanitären Anlagen oder eine kleine Pension. Infos bei ›Dolphin Snackbar‹

Hinweise: Furna do Enxofre öffnet ganzjährig von 10 bis 16 Uhr. Das Thermalbad in Carapacho ist von Mai bis September geöffnet. Davor lädt ein Meerschwimmbecken zum Schwimmen ein.

Wir folgen von dem Thermalbadeort **Carapacho** aus der Küstenstraße in Richtung Luz. Eine Gedenktafel auf dem Flanierplatz oberhalb des Hafens von Carapacho weist auf den Pionier und Wegbahner der Insel – Vasco Gil Sodré – hin, der an dieser Stelle am 3. Mai 1450 landete und hier die erste Siedlung Graciosas gründete. Am Ortsende steht rechter Hand der Straße das übliche Waschhaus der Gemeinde. In den steinernen Hallen reihen sich Waschsteine zum Schrubben und Wasserbecken zum Spülen aneinander. Kurz dahinter können wir ein Stück über die alte gepflasterte Inselstraße bei einigen verlassenen alten Steinhäusern abkürzen, während die neue asphaltierte Straße einen weiten Bogen nach rechts macht.

Anschließend queren wir letztere und steigen einen sandigen Fahrweg bequem hoch zur verlassen Siedlung

Alto do Sul (20 Min.). Zwischen den malerischen Ruinen nach links hindurch leuchten in der Sonne die imposanten weißen Klippen der Serra Branca zum ersten Mal im Südwesten der Insel auf. Der nun gepflasterte Fahrweg schlängelt sich zwischen den Ruinen bequem bergab und trifft bei den ersten Häusern von Luz wieder auf die neue Inselstraße. Auf dieser geht es weiter leicht bergauf. Bei der Straßenkreuzung in der Ortsmitte von **Luz** (45 Min.) orientieren wir uns geradeaus in Richtung St. Cruz/Guadelupe/Praia.

Nahtlos geht Luz in das nächste Straßendorf Canada Longa über. Schräg gegenüber vom ungekalkten Steinhaus Nr. 88, in der Nähe von zwei Windmühlenruinen, wenden wir uns nach rechts einen schmalen Asphaltweg hoch. An einer Weggabelung führt uns nach links ein breiter, kurviger Fußweg zwischen Lavasteinmauern und Weiden weiter den Caldeirahang bequem bergauf. Je höher wir kommen, desto besser wird die Aussicht auf den Mittelteil der Insel mit den Dörfern Luz und Canada Longa, der schroffen Südküste mit den Klippen der Serra Branca und die sanfteren Bergrücken der Serra Dormida und Fontes. Beim Kraterrandweg angekommen (mit Holzpfählen mit roten und blauen Ringen markiert), gehen wir zunächst nach links und sehen schon die Straße, die nach rechts durch den 100 m langen **Tunnel in die Caldeira** (1.15 Std.) läuft. Hinter dem Tunnel

ignorieren wir die Straße nach links zum Picknickplatz und gehen geradeaus durch die dicht bewaldete Caldeira bis zum Einstieg zur Grotte **Furna do Enxofre** (1.30 Std.).

Nach einer Besichtigung der Grotte gehen wir auf demselben Weg zurück zum Anfang des Kraterweges, der noch ein Stück die Caldeira hochsteigt. Es lohnt sich, bei einem Wege-T zunächst ein paar Meter nach links zu gehen, bis rechts ein stufiger Fußpfad steil hochklettert zur **Gruta da Maria Encantada** (2 Std.) am oberen Caldeirarand. Durch diesen beeindruckenden Lavatunnel (die Tunnel entstehen, wenn die Lava außen bereits abkühlt und erstarrt und der Kern ›leerläuft‹) gelangen wir auf die Innenseite des Vulkans und genießen einen herrlichen Blick über die bewaldete Caldeira.

Die Wanderung setzt sich beim Wege-T nach rechts teils geteert, teils als Sandstraße im leichten Auf und Ab um die Caldeira herum fort. Bei klarer Sicht tauchen in der Ferne Faial, Terceira und hinter São Jorge sogar die Spitze des Picos auf. Vor Carapacho, das unterhalb des mächtigen und von einem Leuchtturm gekrönten Felsen Restinga liegt, heben sich bei schrägem Sonnenstand deutlich etliche mittlerweile bewachsene Lavaströme vom Caldeirahang ab. Bei offenen Stellen in der Böschung wurden gut erkennbar die verschiedenen Asche- und Tufflagen freigelegt, aus denen sich die Caldeira aufbaut.

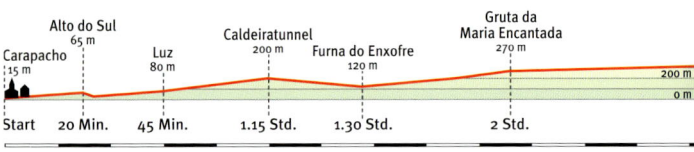

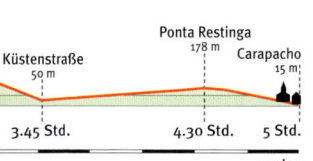

Ab dem Leuchtturm schiebt sich hinter den unbewohnten Südosthängen der Caldeira im Meer die unter Naturschutz stehende Felseninsel Ilhéu da Praia und an der Küste das gleichnamige Städtchen mit seiner riesigen Kaimauer ins Bild. Schließlich zweigt oberhalb der Häusern von Fenais nach rechts eine sandige Fahrstraße (blau markiert) ab, die sich steil zur **Küstenstraße** (3.45 Std.) hinabwindet. Dort unten verlassen wir die blaue Markierung, gehen etwa 20 m nach links, wo nach schräg rechts ein sandiger Fahrweg abzweigt. Es ist die alte Inselstraße, die ehemals Praia mit Carapacho verbunden hat.

Sie folgt in vielen Kurven im ständigen Auf und Ab den zahlreichen Einbuchtungen der Steilküste.

Bei einer Weggabelung auf einer kleinen Lichtung vor einer runden Mauer halten wir uns rechts und steigen auf dem verwilderten Weg bequem wieder zur Küstenstraße auf. Vorbei an der Einfahrt zu einer Müllkippe in der Baía da Engrade stoßen wir links der Straße wieder auf den alten Inselweg, dem wir folgen. Er führt uns zur Zufahrt zum Leuchtturm, wo wir erneut auf die Küstenstraße treffen. Von hier aus unternehmen wir einen kurzen Ausflug auf die **Ponta da Restinga** (10 Min. hin und zurück) mit ihren stark zerklüfteten rotschwarzen Felsrippen und -inseln im fast türkisfarbenen Meer. Das Gebiet steht wegen der zahlreich brütenden Seevögeln unter Naturschutz. Von den Klippen überblicken wir die gesamte Südwestküste bis zur Serra Branca.

Auf demselben Wege zurück erreichen wir wieder den Inselweg, der nun in steilen geplasterten Kehren (hier wieder blaue Markierung) nach **Carapacho** (5 Std.) abfällt.

Furna do Enxofre

Die Vulkangrotte Furna do Enxofre (dt. Schwefelhöhle) ist ein geologisch einzigartiges Phänomen auf der Welt. Im Inneren der Caldera befindet sich ein tiefer Schacht, ein ehemaliger Vulkanschlot, mit einer Länge von 100 m. Auf seinem Grund liegt eine riesige Grotte mit einer 80 Meter hohen Decke – übersät mit Stalaktiten – und einem unterirdischen See von etwa 130 m Durchmesser mit kaltem sulfurhaltigen Wasser. Gerade zur Mittagszeit, wenn die Sonne in den Schacht fällt, wird der Besucher bezaubert durch die blendenden Lichteffekte. Imposante Basaltsäulen formen die Decke am Eingang der Grotte. Zwischen den Felsen am Boden zischen Fumarolen. Seit 1939 führt ein in Stein gehauener Treppenturm mit 183 Stufen in die Tiefe hinab. Aus Sicherheitsgründen ist das Seeufer mittlerweile abgesperrt. Aufgrund des seit einigen Jahren sinkenden Wasserspiegels wurde Seeboden freigelegt, aus dem Gase und Dämpfe entweichen, die beim Zunahekommen gefährlich werden könnten.

Die Lavahöhle Furna do Enxofre

Die Westspitze São Jorges

Von Rosais zur Ponta dos Rosais

Der westlichste Punkt São Jorges ist die einsam gelegene Ponta dos Rosais. Außer dem grandiosen Blick hinab auf die farbenprächtigen Kliffe erwartet uns dort der bezaubernde Waldpark Sete Fontes.

DIE WANDERUNG IN KÜRZE

+
Anspruch

Charakter: Leichte Wanderung auf Sandstraßen, Feldwegen und Asphaltstraßen.

4 Std.
Gehzeit

Wanderkarte: Ilha de S. Jorge (W), 1:50 000

Einkehrmöglichkeiten: Café und Laden in Rosais

18 km
Länge

Anfahrt: Von Velas **mit dem Auto** auf der Inselhauptstraße R.En 1 nach Rosais fahren. **Mit dem Bus** von der Kirche am Largo Dr. João Pereira in Velas einmal tägl. werktags und samstags nach Rosais bis zum Ortsteil Ponta fahren und zurück von der Kirche im Zentrum Rosais. Info: Turismo Velas, Rua Dr. José Pereira, 9800 Velas

Hinweise: Gegenüber der Kirche in Rosais befindet sich eine Käserei, die besichtigt werden kann.

Von der Kirche in **Rosais** folgen wir der leicht ansteigenden Inselhauptstraße R.En 1 in Richtung Ponta dos Rosais (auch Farol ausgeschildert). Das ewig lange Straßendorf Rosais setzt sich aus mehreren Ortsteilen zusammen. Außer ein paar vereinzelten Gehöften bilden sie die einzige Siedlung auf der Westspitze. Die Küste bleibt fast immer durch die beinahe senkrecht aus dem Meer aufragenden Steilwände verborgen. Hinter den meist traditionellen Steinhäusern bestimmen Weiden und Kühe das Bild. Im 16. Jh. wurde auf der fruchtbaren Hochebene hauptsächlich Weizen angebaut. Daher wurde ihr auch der Name ›Kornkammer der Insel‹ verliehen. Bis zum 17. Jh. war Rosais einer der größten Orte auf São Jorge. Heutzutage leben hier nur noch etwa 800 Menschen.

Wenn die Straße deutlich nach rechts abbiegt und den Hang in Richtung Farol hochsteigt, zweigt nach links eine breite rote Sandstraße ab. Auf der linken Straßenseite zeigt ein gekacheltes Schild vor einer Hausruine an, dass wir uns in dem Ortsteil **Ponta de Rosais** (30 Min.) befinden. Im leichten Auf und Ab schlängelt sich die Sandstraße am Hang entlang. Bald lassen wir die letzten Häuser hinter uns zurück. Ein dichter niederer Wald aus u. a. Baumheide, Zedern, Bambus und Farnen drängt sich links und rechts an den Wegesrand. Je nach Jahreszeit sorgen wilder Ingwer, Hortensien und

Montbretien für Farbakzente. Immer wieder ergeben sich herrliche Panoramablicke auf die zentrale Bergkette der Insel und die Nachbarinseln Pico und Faial.

Mehrere abzweigende Feldwege bleiben unberücksichtigt. In einem weiten Bogen nach rechts wandern wir dann bequem ansteigend zum Sattel zwischen den kleinen Vulkankegeln Monte Trigo (dt. Weizenberg) und Pico da Baleia (dt. Walfischspitze) hinauf. Vor uns öffnet sich nun die Sicht auf die Insel Graciosa. Links erhebt sich am Ende der sanft abfallenden, mit Mauern umgrenzten Weiden der Leuchtturm. Wenig später wenden wir uns bei einem Wege-T nach links auf ihn zu. Der sandige Fahrweg knickt ein ganzes Stück weiter unten nach rechts ab. Er mündet auf die schnurgerade Sandstraße R. En 1 zum Leuchtturm, auf der wir nach links leicht bergab bald das Eingangstor zum **Farol de Rosais** (1.50 Std.) passieren. Früher diente die Anlage militärischen Zwecken. Doch durch das Erdbeben von 1980 wurde der hässliche Komplex so stark beschädigt, dass er aufgegeben werden musste. Schilder warnen vor dem Betreten der Gebäude wegen Einsturzgefahr. Wegen des grandiosen Ausblicks auf das Westkap ist der Abstecher dennoch empfehlenswert. Knapp 250 m erhebt sich die imposante Ponta dos Rosais aus den unwahrscheinlich blauen Meeresfluten. Ganze Teppiche aus gelben und weißen

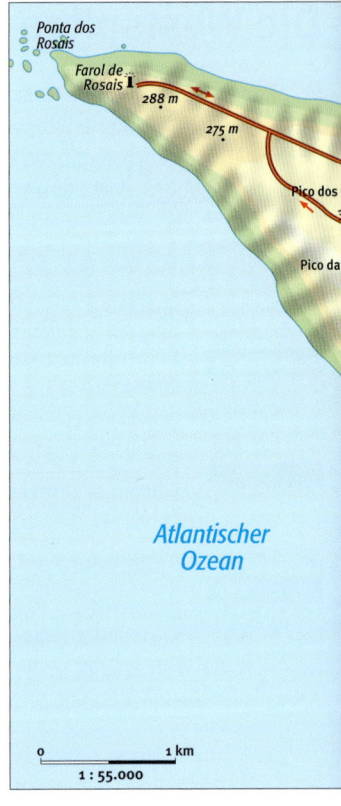

Mittagsblumen überziehen den Erdboden. Streift ein Sonnenstrahl die stark zerklüfteten Felsen, leuchten sie in Rot, Ocker und Schwarz auf. Ihnen vorgelagert ragt im Meer ein spitzes Felsentor auf. Ein beliebtes Ziel der Ausflugsboote, die von hier oben wie winzige Spielzeugboote aussehen.

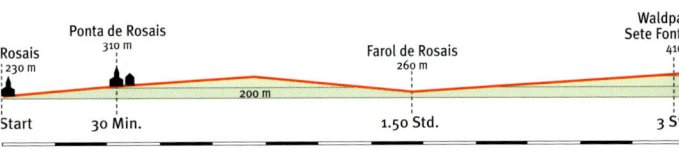

Atlantischer Ozean

175 m

368 m
CERRADO DOS ALMOS

403 m

onte Trigo
503 m

Pico do Feno
471 m

150 m

Waldpark
Sete Fontes

437 m

250 m

Pedreira
493 m

PONTA
Fundo da Ribeira
352 m

Pico da Velha
493 m

Pico das Urzes
481 m

Ponta Gonçalva
495 m

PONTA DE
ROSAIS

Achada
436 m

Pedregulho
273 m

CANCELA
GRANDE

CANADA DA
PREGUIÇA

277 m

ROSAIS

POÇO
NOVO

START

Ponta Ruiva
268 m   244 m

ARRIFANA

Baía da Sra. do Rosário

Wir gehen zurück auf die R.En 1, folgen ihr geradeaus weiter bequem aufwärts durch die hügelige Landschaft, bis links ein sandiger Fahrweg abzweigt. Er verläuft leicht ansteigend zwischen Lavasteinmauern, die von Brombeerranken, Rosen, Hortensien und Farnen überwuchert werden. An der nächsten

Weggabelung nach links gehen. Der schmale Feldweg stößt am Fuße eines Hügels auf einen weiteren sandigen Fahrweg. Nach links um den Hügel zwischen Weiden, Hortensienhecken und Rosenbüschen herumwandern. Eine Gedenktafel am rechten Wegesrand erinnert an zwei Männer, die an dieser Stelle am verunglückten.

Kurz danach gelangen wir geradeaus auf die Wegespinne vor dem **Waldpark Sete Fontes** (dt. sieben Brunnen; 3 Std.), wo eine kleine Kapelle und ein Relief der Insel, beides von Auswanderern gestiftet, errichtet wurden. Der Fahrweg nach rechts

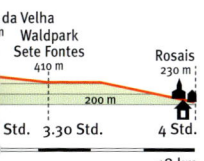

da Velha
Waldpark
Sete Fontes
410 m

Rosais
230 m

200 m

Std.   3.3o Std.   4 Std.

18 km

Azoreanische Bauern treiben ihre Kühe auf die futterreichen grünen Hänge

(Miradouro ausgeschildert) führt am Waldrand entlang auf den **Pico da Velha** (3.15 Std.) zu. Vom Gipfelrundweg lässt sich die gesamte Westspitze und ein Großteil der zentralen Bergkette überblicken. Im Atlantik um São Jorge herum verteilen sich mehr oder weniger nah die anderen Inseln der Zentralgruppe – Pico, Faial, Graciosa und Terceira. Kleine verschlungene Pfade laufen kreuz und quer durch den bezaubernden Waldpark, in dem neben einheimischen Arten und Exoten wie riesigen Baumfarnen auch vertraute Baumarten aus der eigenen Heimat wie Ahorn und Eiche zu sehen sind. Auf den Teichen tummeln sich Enten.

Von der Wegespinne setzt sich die Wanderung auf der Fahrstraße mitten durch den Park fort. Am Waldrand zunächst geradeaus weitergehen, bis sich die Asphaltstraße gabelt. Dort und auch an der nächsten Gabelung der Straße Richtung Velas folgen. Sie führt zwischen dem Pico da Velha und Pico das Urzes hindurch. Nicht weit des Sattels schwingt die Straße dann nach links zwischen saftig grünen Weiden moderat nach Rosais ab. Exotischen Flair verströmen wilde Kakteen am Straßenrand. Kurz vor den ersten Häusern von Cancela Grande kreuzen wir eine schmale Fahrstraße. Schnell ist dann die Inselhauptstraße R.En 1 unten in **Rosais** (4 Std.) erreicht. Linker Hand ist die nahe Kirche schon zu sehen.

Orangen & Co.

Von Manadas nach Velas entlang der Südküste

Im Schatten der zentralen Bergkette São Jorges bietet sich uns eine abwechslungsreiche Tour durch Obsthaine, entlang der bizarren Lavaküste, vorbei an exotischen Gärten und durch freundliche kleine Ortschaften.

DIE WANDERUNG IN KÜRZE

+
Anspruch

Charakter: Einfache Wanderung mit zwei kleinen Anstiegen auf Fahrwegen

Wanderkarte: Ilha de S. Jorge (W), 1:50 000

3.30 Std.
Gehzeit

Einkehrmöglichkeiten: Café, Laden, Snackbar und Restaurant in Urzelina, Café und Laden in Santo Amaro

15 km
Länge

Anfahrt: Mit dem Bus Velas-Calheta (Südküste) von der Kirche am Largo Dr. João Pereira in Velas tägl. Mo. und Fr. nach Manadas. Allerdings verkehrt diese Linie nur über die neue Küstenstraße und stoppt nur oberhalb Manadas am Miradouro. Der kürzeste Weg hinab nach Manadas ist ein (2 km zusätzl. zur Wanderung) steiler, sandiger Fahrweg. Eine andere Linie fährt vom Hafen in Calheta aus tägl. werktags und samstags direkt über Manadas. Info: Turismo Velas, Rua Dr. José Pereira, 9800 Velas

Hinweise: Falls die **Kirche Santa Bárbara** in Manadas verschlossen ist, im nächsten Haus nach dem Schlüssel fragen. **Bademöglichkeiten** in Urzelina (schöne Badebuchten, Swimmingpool beim Campingplatz).

In **Manadas** folgen wir der alten Inselhauptstraße EN 1 zur Küste hinab. Eine neuere und schnellere Verbindung wurde weiter oben am Berghang angelegt. Ein paar Meter hinter der Brücke über die Ribeira do Guadalupe zweigt links ein gepflasterter Weg ab, der steil den Hang hinunterläuft. Er endet neben der sehenswerten Kirche Santa Bárbara am Hafen von Manadas. Sie stammt aus dem Jahre 1750 und ist ein schönes Beispiel für den späten Barockstil, zurzeit des portugiesischen Königs João V.

Das Innere ist reich geschmückt und vergoldet. Die Kirche enthält einen wunderschönen geschnitzten Triumphbogen und etliche, prachtvolle Ölgemälde mit biblischen Szenen. Der Chor besteht aus bemalten und kunstvoll geschnitzten Kassetten aus Zedernholz. Wertvolle Azulejos (siehe Tour 24) zieren die Wände. Sie stellen die Leidensgeschichte der Heiligen Bárbara dar, die von ihrem Vater enthauptet wurde, da sie sich weigerte, dem Christentum abzuschwören.

Auf dem asphaltierten Caminho Baixo steigen wir vom Hafen wieder bequem zur alten Inselhauptstraße EN 1 auf. Am Wege-T gegenüber der etwas düster wirkenden Kirche in Santa Rita wenden wir uns nach links. Wir wandern zwischen vereinzelt stehenden Häusern und Gärten hindurch. Viele Pflanzen sind uns aus unseren Gärten bekannt. Doch Eukalyptus-, Limonen-, Orangen- und Drachenbäume, Oleander oder die auffällige Norfolktanne zeigen, dass hier höhere Temperaturen wirken. Ein betäubender Duft berauscht die Sinne. In der kleinen Siedlung **Terreiros** (35 Min.) ist an der Kreuzung (Quelle) nach links der Hafen ausgeschildert. Dort beginnt eine rote Sandstraße, die nach rechts an den Überresten einer Windmühle vorbei entlang der Lavaküste führt. Einige Aussichtspunkte gewähren schöne Ausblicke auf die Südküste und die hoch aufragende Bergkette. Die bizarren Lavaformationen werden von wilden Tauben bevölkert. Sie entstanden, als die heiße Lava mit kaltem Wasser in Berührung kam und dabei explosionsartig zerplatzte.

Nachdem der Weg nach rechts abbiegt, öffnet sich der Blick auf **Urzelina** (1 Std.), das sich am Hang oberhalb des Fischerhafens ausbreitet. Gegenüber dem Restaurant Mane-

zinho am Ortsanfang steht eine frisch restaurierte Windmühle São Jorges. Dahinter liegt die Furna das Pombas im Meer, eine beeindruckende Lavahöhle. Wenige Schritte weiter erreichen wir den Hafen. Dort sind noch die Fundamente einer Festung aus dem 17. Jh. zu erkennen. Schmale Gassen führen zwischen alten Lagerhäusern auf die andere Hafenseite. Die Gebäude stammen noch aus der Zeit, als im 17. und 18. Jh. der Orangenhandel florierte und die begehrten Früchte von hier aus nach England verschifft wurden.

Nach links geht es zum Campingplatz. Wir laufen jedoch nach rechts durch die Allee hoch zur Hauptstraße. Beliebt ist Urzelina heute hauptsächlich wegen seiner schönen Badebuchten. Der Badetourismus entwickelt sich mehr und mehr zu einem wichtigen Wirtschaftszweig. Dass der Ort schon zur Blütezeit des Orangenhandels zu einer der ersten Adressen zählte, davon zeugen einige schöne Herrenhäuser. Orangen und Wein werden auf den sonnigen Terrassen allerdings nur noch zum Eigenbedarf angebaut. Der Name Urzelina rührt übrigens von der Färberflechte Urzela her, die von den ersten Siedlern hier angebaut wurde.

An der Hauptstraße gehen wir nach links weiter moderat aufwärts. Im Garten rechter Hand fällt die Ruine eines einzeln stehenden Turmes auf. Er ist der Rest der ehemaligen Kirche Urzelinas und blieb übrig, als

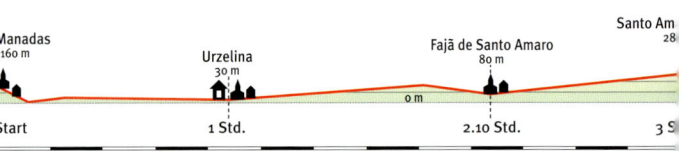

Manadas
160 m

Urzelina
30 m

Fajã de Santo Amaro
80 m

Santo Am
28

0 m

Start

1 Std.

2.10 Std.

3 S

0

Tour 20

Die Natur erobert sich ihren Platz zurück – hier an der Eingangstreppe zu einem verlassenen Anwesen.

bei einem Vulkanausbruch des Pico da Esperança im Jahre 1808 der Ort fast vollständig von der Lava begraben wurde.

Am Abzweig nach Santo Antonio auf der anderen Inselseite laufen wir geradeaus und passieren eine Kirche. Wir wandern in Richtung Velas, bis nach rechts Ribeira do Nabo ausgeschildert ist. Die frühere Inselhauptstraße windet sich zwischen traditionellen Häusern mit ihren breiten Kaminen steil bergauf. Alle Abzweigungen nach rechts nicht beachten. In den Gärten – aber auch am Wegesrand – überrascht die überreiche Blumenvielfalt. Oleander, Hibiskus, Tigerlilien, Bougainvillea, Blumenrohr, Trompetenblumen oder Strelitzien wetteifern um Aufmerk-

Velas
20 m
0 Std.
15 km

BEIRA
411 m
Cerrado de Baixo
602 m
Pico Alto 2.°
766 m
8
PORTAL DO C
Grotão do Cabo
Pico dos Loiros
277 m 253 m
368 m
650 m
← 232 m
SANTO AMARO
Pico das Morgadias
544 m
Pico Maria
663 r
454 m
350 m
VELAS
RIBEIRA DO
ALMEIDA
QUEIMADA
CAMIN
DE C
Rib. do Almeida
Rib. da Fajã
Ponta das Eiras
Ponta da Queimada CARREGADOURO
FAJÃ DE
SANTO AMARO
RIBEIR
DO NAB
Flughafen
Atlantischer Ozean

N
0   1 km
1 : 65.000

samkeit. Bei den Häusern von **Ribeira do Areeiro** flacht die Straße deutlich ab. Die kleinen Siedlungen **Canada do Leitã** und **Ribeira do Nabo** schließen sich nahtlos an.

Danach führt die Straße durch einen Wald bergab, in dem Eukalyptus- und Mispelbäume einen intensiven Duft verströmen. Ein trockener Arm der Ribeira da Fajã wurde in eine Bananenplantage verwandelt. Kurz danach wird der Hauptbach bei der malerischen Ruine eines alten Herrenhauses überquert – die wild wuchernde Zitronenmelisse im rückwärtigen idyllischen Garten ist sogar noch auf der Straße zu riechen, wo der Weg zum Ort **Fajã de Santo Amaro** (2.10 Std.) an der Inselhauptstra-

ße abbiegt. Wir halten uns rechts und es dauert nicht lange, bis wir bei einem Flughafenschild eine kleine Kreuzung erreichen. Nach rechts schlängelt sich eine Fahrstraße bergauf, die bald steiler werdend in einen sandigen Fahrweg übergeht. Erneut bleiben alle Wege nach rechts unberücksichtigt. Im dichten Mischwald unterhalb des Picos das Morgadias entpuppt er sich dann als Höhenweg.

Zum Meer hin streichen die Berghänge sanft aus. Ihre geschützte Lage zwischen Queimadas und Fajã de Santo Amaro bietet ideale Bedingungen für Orangenplantagen, die in den letzten Jahren wieder verstärkt kultiviert wurden. Für azoreanische

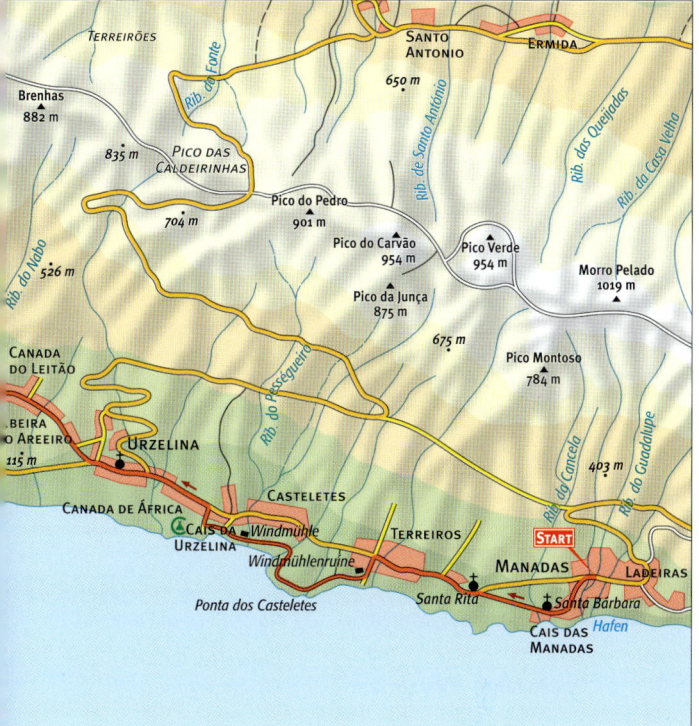

Verhältnisse hat sich daraus mittlerweile ein lukratives Geschäft entwickelt – eine neue Generation von Orangenbaronen? Zur Erntezeit wird jede Hand gebraucht. Die ganze Familie und Freunde packen mit an. Und am nächsten Tag geht es zum Nachbarn. Da kann es schon mal passieren, dass der Taxifahrer mitten in der Woche nicht fährt oder der Laden geschlossen hat.

Schließlich stoßen wir auf eine Asphaltstraße. Rechts oben sind schon die Häuser von **Santo Amaro** (3 Std.) zu sehen. An der Kreuzung bei der Kirche nach links wieder aus dem Ort herausgehen. Die Fahrstraße führt am Friedhof vorbei hinab zur Inselhauptstraße EN 1 oberhalb von Velas. Nicht weit nach rechts kürzen wir den Weg über eine steile Fahrstraße links um zwei Vulkankegel herum ab. Sie ermöglicht eine herrliche Aussicht über die Bucht von Velas und die Kliffküste. An einer Kreuzung folgen wir dem schmalen, äußerst steilen Betonsträßchen nach links ins Zentrum von **Velas** (3.30 Std.) hinab.

Entlang der höchsten Gipfel

Von Norte Pequeno nach Velas

Wie ein gigantischer Ozeandampfer mit etlichen Kaminen liegt die lang gestreckte Insel São Jorge im Meer verankert. Das zentrale Bergmassiv ist unbesiedelt. Ein Gewirr an Wegen dient allein zum Erreichen der Weiden.

DIE WANDERUNG IN KÜRZE

++
Anspruch

6 Std.
Gehzeit

25 km
Länge

Charakter: Einfache Wanderung auf sandigen Fahrwegen, aufgrund der Länge mittelschwer. Der Anstieg zum Pico da Esperança von 470 m vollzieht sich in bequemen Etappen.

Wanderkarte: Ilha de S. Jorge (W), 1:50 000

Einkehrmöglichkeiten: keine

Anfahrt: Mit dem Bus Velas–Calheta (Nordküste)

von der Kirche am Largo Dr. João Pereira in Velas nach Norte Pequeno (Do. je einmal am Tag). Vom Hafen in Calheta fährt Mo., Di. und Do. je einmal pro Tag ein Bus nach Velas über Norte Pequeno. Info: Turismo Velas, Rua Dr. José Pereira, 9800 Velas. Ansonsten **mit dem Taxi** nach Norte Pequeno fahren.

Hinweise: Getränke und Proviant mitnehmen.

Von der Kirche in **Norte Pequeno** folgen wir zunächst der Inselhauptstraße EN 1 in Richtung Norte Grande. Am Ortsausgang zweigt nach links eine breite Sandstraße ab (ausgeschildert: ›serviços florestal região autonoma açores‹). Sie führt leicht ansteigend rechts des niedrigen Vulkankegels Pico do Urgão vorbei und schlängelt sich zwischen den kleinen Vulkanerhebungen Pico Unta da Vila und Pico da Brenha hindurch. Einen Feldweg nach rechts ignorieren. Hier oben 500 m über dem Meeresspiegel sind die Hänge der Nordseite sanfter geneigt und formen eine hügelige Landschaft. Zwei Farben herrschen vor: das strahlen-

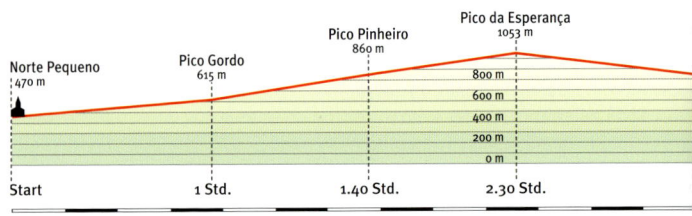

Pico da Esperança 1053 m

Pico Pinheiro 860 m

Pico Gordo 615 m

Norte Pequeno 470 m

800 m
600 m
400 m
200 m
0 m

Start   1 Std.   1.40 Std.   2.30 Std.

0

de Grün der Weiden und Hecken und das leuchtende Blau des Atlantiks, das im Sommer durch das beeindruckende Blau der Hortensienhecken ergänzt wird.

Am Wege-T bei einer Melkstation wenden wir uns nach rechts. An der nächsten Gabelung ebenfalls nach rechts gehen. Wir wandern auf der breiten Sandstraße weit unterhalb der Gipfel Pico da Caldeira, das Brenhas und do Alto 1. (dt. hoher Gipfel) am Hang entlang. Sie markieren das östliche Ende der zentralen Bergkette, die bis auf über 1 000 m ansteigt. Vorne rechts über dem Meer löst sich die anmutige Silhouette von Graciosa aus den Dunstschleiern. Hinter uns erheben sich die Berge der Serra do Topo und am Horizont über dem Atlantik die Insel Terceira. Abzweigende Feldwege bleiben unberücksichtigt.

Unweit des **Picos Gordo** (dt. dicke Spitze; 1 Std.) rechter Hand des Weges nimmt die Steigung wieder zu. Er trägt seinen Namen zu Recht, ist er doch von den zahlreichen kleinen Vulkankegeln auf dem Hochplateau der Größte. An einem ausgeschilderten Wege-T setzt sich die Wanderung nach links Richtung Manadas-Velas bergauf fort. Immer dem sandigen Hauptweg in zahlreichen Windungen zum **Pico Pineiro** (dt. Kieferspitze; 1.40 Std.) hinauf folgen. Nach der Überquerung des zweiten Viehrostes stets rechts hal-

ten. Schließlich biegt der sandige Fahrweg endgültig nach rechts ab und passiert den Pico Pinheiro und den kurz darauf folgenden Pico Areiro auf ihrer Nordseite. Jeder Gipfel trägt sein eigenes grünes Namensschild, was die Orientierung erleichtert.

Auf den Sätteln zwischen den Vulkanspitzen öffnet sich nach links die Aussicht auf die Insel Pico. In einigen, steilen Kehren schraubt sich der Weg dann auf die Südseite des **Pico da Esperança** (dt. Spitze der Hoffnung; 2.30 Std.) hoch, der mit 1 053 m der höchste Vulkankegel São Jorges ist. Bereits von hier genießen wir einen grandiosen Ausblick über die steil abfallende Südküste. Zu unseren Füßen erscheint uns Manadas als Spielzeugdorf. Ein Grasweg führt nach rechts die letzten Meter zum Gipfelkrater hoch, in dem sich zwei Tümpel befinden. Von dort lässt sich an schönen Tagen fast die ganze Insel und alle anderen Inseln der Zentralgruppe überblicken. Jedoch hüllt sich der Inselkamm gerne in Wolken. Daher sind die Wiesen hier besonders üppig und grün.

Viele Pflanzen der ursprünglichen Vegetation – wie die azoreanische Heide (port. *Urze*) – konnten sich in dem äußerst abgelegenen Gebiet erhalten. Drei Naturschutzgebiete – das vom Pico do Areiro, da Esperança und do Carvão – wurden errichtet. Ein steiler Grat verbindet den Pico da

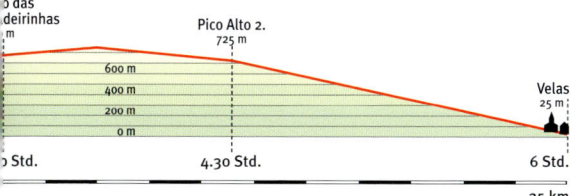

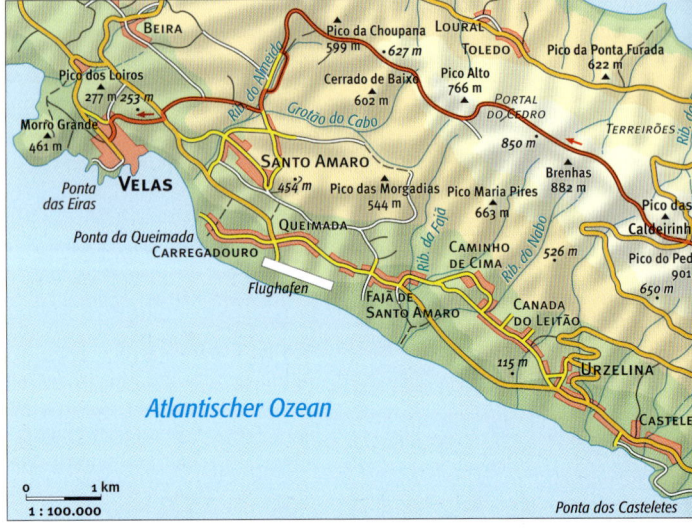

Esperança mit dem Morro Pelado. Auf seiner Südseite entlang gelangen wir weiter bergab zu einer Weggabelung. Dort können wir wählen, ob wir auf der Südseite des Picos Verde die Sicht auf Faial, Pico und Urzelina an der Küste bevorzugen oder auf seiner Nordseite die von Graciosa, Terceira und hinab auf Norte Grande und auf die Fajã do Ouvidor. Dahinter kommen die sandigen Fahrwege wieder zusammen.

Immer weiter geht es bequem bergab auf der Nordseite des Pico Carvão (dt. Kohlespitze) und des Picos do Pedro. Kleine Wäldchen aus Japanischen Sicheltannen und kilometerlange Hortensienhecken beleben nun die Landschaft. Wenig später nach einer Quelle am linken Wegesrand stoßen wir auf die Inselhauptstraße EN 3 auf einem Sattel, die von Urzelina quer über den Inselkamm nach Santo Antonio führt. Auf der anderen Straßenseite sehen wir schon die anschließende Sandstraße, auf der wir links vom runden Vulkankegel **Pico das Caldeirinhas** (dt. der kleine Krater; 3.30 Std.) zwischen riesigen Hortensienhecken leicht hochgehen.

Erneut wechseln wir die Inselseite über einen Sattel und steigen nördlich des Bergrückens Brenhas auf. Von ihm läuft der Hauptweg geradeaus auf dem abfallenden Kamm bequem bergab. Geradeaus reicht die Sicht bis zur Westspitze São Jorges. Unter uns liegt die Ortschaft Toledo. Kurz vor dem spitzen Gipfel des **Pico Alto 2.** (4.30 Std.) biegt die Sandstraße wieder auf die Südflanke. An einer Wegverzweigung rechts halten und am Kamm entlang bequem absteigen. Vor der Ortschaft Santo Amaro auf der Hochebene fällt uns der formschöne Krater Pico das Morgadias auf. Die Weiden werden immer öfter durch kleine Wäldchen unterbrochen. In einer Kehre nach links, ergibt sich noch einmal eine wunderschöne Aussicht über die Hochebene im Westen der Insel.

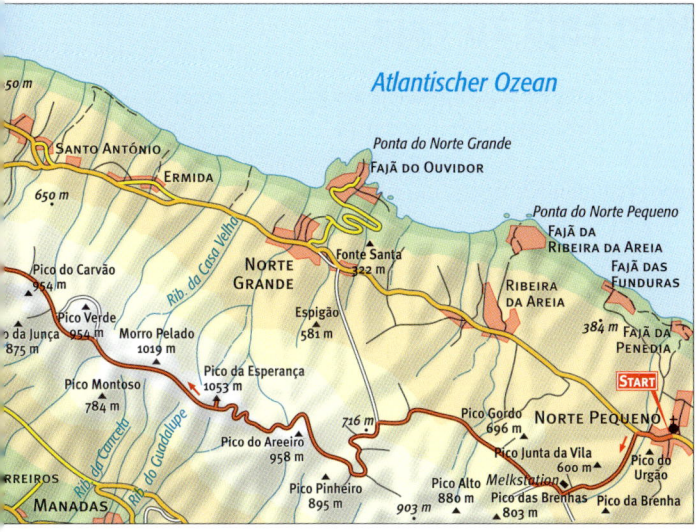

Schnurgerade erstreckt sich die Straße nun durch eine Allee von Japanischen Sicheltannen. In der nächsten Kehre nach rechts, zweigt nach links ein kiesiger Fahrweg ab. Wenige Meter weiter an der nächsten Wegverzweigung nicht den Waldweg nach links nehmen, sondern rechts halten. Ein paar Schritte weiter durchqueren wir nach links ein Bachbett. Im dichten Gebüsch sind noch die Reste einer Steinbrücke zu sehen. Am Waldrand entlang laufen wir geradeaus leicht bergab, bis wir auf eine Fahrstraße treffen. Nach links geht es nach Santo Amaro.

Kurz vor der Ortschaft treten wir aus dem Nadelwald und biegen auf einen sandigen Fahrweg nach rechts ab. Er verschwindet geradeaus zwischen hohen, üppig mit Pflanzen bewachsen Erdwällen und mündet oberhalb von Velas in die Inselhauptstraße EN 1. Ein Stück nach links entdecken wir die Fahrstraße, die nach rechts an zwei Vulkanke-geln vorbei hinab nach **Velas** (6 Std.) führt.

Der Käse von São Jorge

Rund 35 000 Kühe – fast ausschließlich Holsteinrinder – bevölkern die Bergwiesen. Zwischen 15 bis 20 Millionen Liter Milch geben sie im Jahr. Beinahe alles wird zur Käseherstellung verwendet. Die Milch- bzw. Käsewirtschaft ist der wichtigste Wirtschaftsfaktor der Insel, die mehr Kühe als Einwohner hat. Bei der Produktion eines der kolossalen Käselaibe von 10 kg werden 100 Liter Milch verbraucht. Er ist ein reines Naturprodukt, dem nur etwas Salz und Ferment Lab zugesetzt wird, das die Milch gerinnen lässt. Der Queijo São Jorge gilt als eine Delikatesse und wird daher natürlich auch von einem professionellen Käsetester geprüft. São Jorge ist eben die ›Insel des Käses‹.

Tour 22

Von Fajã zu Fajã

Von der Serra do Topo hinab bis zur Fajã dos Cubres

Auf uralten Saumpfaden wandern wir entlang der schroffen Nordküste São Jorges durch eine der beeindruckendsten Landschaften des gesamten Archipels, die Fajãs mit ihren wunderschönen blaugrünen Lagunen.

DIE WANDERUNG IN KÜRZE		
++ Anspruch	**Charakter:** Unschwierige Wanderung auf alten Saumpfaden. Zu Beginn ein nicht ganz einfacher Abstieg von 700 m auf Meeresniveau, für den Schwindelfreiheit erforderlich ist. **Wanderkarte:** Ilha de S. Jorge (E), 1:50 000	**Einkehrmöglichkeiten:** Café in Fajã dos Cubres im Sommer **Anfahrt:** Von Calheta **mit dem Taxi** bis zum Einstieg auf der Serra do Topo, die jeder Taxifahrer kennt. Wieder abholen lassen von der Fajã dos Cubres an der Kirche.
2.45 Std. Gehzeit		
10 km Länge		

Von der Inselhauptstraße EN 2 zwischen Calheta und Topo zweigt auf der Hochfläche der **Serra do Topo** nahe den Windrädern auf der Bergkuppe Piquinho da Urze ein Feldweg ab. Mehrere Schilder (Fajã da Caldeira und Santo Christo und Wandertafeln) weisen auf den Einstieg hin. Zwischen mit Hortensienhecken begrenzten Viehweiden geht es leicht ansteigend über einen schmalen Bergrücken. Nicht weit entfernt fallen die Berghänge plötzlich abrupt steil ab und wir blicken in die atemberaubende Caldeira de Cima.

Die Bezeichnung ›Caldeira‹ wurde dabei nur im übertragenen Sinn für den gewaltigen kesselförmigen Talschluss angewendet. Dieser wird ähnlich einem Fächer von mehreren beeindruckenden schluchtartigen Tälern, die durch scharfe Bergrücken und Grate voneinander getrennt werden, zerschnitten. Saftig grüne Weiden, umringt von Hortensienhecken, bedecken die Abhänge. Dichte dunkle Wälder bewuchern die

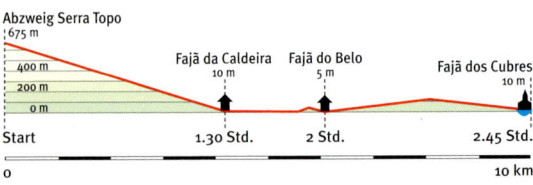

Abzweig Serra Topo
675 m
400 m
200 m
0 m

Fajã da Caldeira 10 m
Fajã do Belo 5 m
Fajã dos Cubres 10 m

Start   1.30 Std.   2 Std.   2.45 Std.

0   10 km

steileren Stellen. Am engen Talausgang wurden Gärten und Felder angelegt. Fast unheimlich mutet die Stille hier oben an. Nach rechts zu einem Viehkorral hin orientieren, in dem die Kühe zum Melken zusammengetrieben werden.

Hinter einer Holzpforte beginnt der alte Saumweg. Der breite Steinpfad fällt zunächst entlang eines schmalen Bergrückens, der zur Küste hin vorragt, auf der orographisch rechten Seite eines schluchtartigen Tales ab. Die bemoosten Steine sind bei feuchtem Wetter etwas rutschig. Zwischen Wacholder und Baumheide gelangen wir dann auf die Scheitelhöhe, auf der sich der Weg auf einem deutlich ausgetretenen Trampelpfad steil hinab windet (ungefährlich). Mehrere Pforten aus knorrigen Ästen sind dabei zu durchgehen. Auch auf zwei steil abfallenden grasigen Abhängen nicht von abweichenden Tierpfaden irritieren lassen.

Schließlich erreichen wir orographisch rechts eines Baches die Talsohle. Wenig später gehen wir nach rechts um den Bergrücken herum, über den wir abgestiegen sind. Im dahinter liegenden engen Tal überspannt eine kleine Steinbrücke einen Bach. Schwach sind noch die Spuren der Terrassenfelder am Berghang erkennbar, die früher bis hier oben reichten.

Der Pfad verläuft nun orographisch rechts des Wasserlaufs entlang durch den dichten Mischwald bequem bergab. Ein paar Meter weiter kreuzen wir über eine weitere Steinbrücke einen kleinen Zufluss, der über mehrere Felsstufen ins Tal stürzt.

Vor einer Lavasteinmauer gabelt sich der Weg. Wir wählen den linken weiter abwärts. Schließlich knickt dieser zur Talmitte ab, wo wir bei einer großen Steinbrücke über den rauschenden Hauptbach auf die Häuser und verwilderten Felder der verlassenen **Fajã de Cima** (1.15 Std.) treffen. In der einstigen Wassermühle an der Brücke sind noch Teile des Mahlwerks vorhanden. Agaven, Bambus, Limonenbäume und Feigenkakteen beweisen, dass hier am Fuße der schroffen Berge ein wärmeres Klima herrscht. Wir folgen dem Hauptpfad um den nächsten weit ins Tal ragenden Bergrücken herum zu anderen Talseite.

Kurze Zeit später führt erneut eine Steinbrücke über den nächsten, idyllisch mit Blumen und farbenprächtigen Sträuchern umrankten Bach. Immer geradeaus weiter bergab gehend, genießen wir zurück eine wunderschöne Aussicht über die Fajã de Cima, die gewaltige Klamm, in der sich die Bäche vereinen, und die beinahe senkrecht hoch aufragende Nordküste. Unerwartet biegt der Pfad nach links ab und bietet eine der schönsten Aussichten der Azoren – den Blick auf die **Fajã da Caldeira de Santo Christo** (1.30 Std.). Üppig grüne Obstgärten und Felder, die hübsche kleine Siedlung mit der blendend weißen Kirche und dahinter die blaugrüne Lagune vor dem Hintergrund des tiefblauen Meeres. In der Ferne taucht die Insel Graciosa aus dem Atlantik auf – hinter uns Terceira.

Am Steilhang entlang geht es moderat zur unter Naturschutz stehenden Fajã bergab. Der Hauptweg verläuft geradeaus zwischen niedrigen mit Aloen überwachsenen Lavasteinmauern. Gegenüber einer Quelle lohnt sich nach rechts ein Umweg zur Kirche an die Küste. Innen ist sie prächtig mit kunstvoll gearbeiteten Blumen aus Fischschuppen, Federn oder Stoff geschmückt. Decke und Wände harmonieren in Rot, Blau und Gold. Einmal im Jahr, am ersten Sonntag im September, strömen die Leute hier zusammen, wenn zur Wallfahrt die Romaria do Santo Cristo feierlich zum Gotteshaus pilgern.

Bis in die zweite Hälfte des 20. Jh. lebten noch etwa 200 Menschen in der Fajã. Heute sind einige der renovierten Häuser zumindest noch im Sommer bewohnt. Wellenreiter aus aller Welt treffen sich hier, um auf den mächtigen heranrollenden Wellen einen heißen Ritt zu wagen. Daher ist es nicht verwunderlich, wenn einem mitten in den Bergen jemand mit dem Brett unter dem Arm begegnet. Beeindruckend ist ebenfalls der Blick über die Häuschen und die sich dahinter auftürmenden dunklen Felswände. Ein Pfad zwischen der Kirchenmauer und dem Strand endet an dem kleinen Hafen der Lagune. Sie beherbergt eine unterirdische Höhle, die einzige Stelle auf den Azoren, wo Herzmuscheln zu finden sind. Ein Pfad nach links mündet wieder beim Friedhof in den Hauptweg. Mehrere alte Drahtseilwinden stehen dort.

Kurz danach passiert der Pfad eine Engstelle zwischen der Lagune und den Klippen und steigt in der kleinen Fajã dos Tijlos zwischen verwilderten Terrassenfeldern, Weingärten und Hausruinen in kurzen steilen Stufen an. Stets den Pfad nach rechts benutzen. Sobald sich die Sicht auf die ebenfalls verlassene **Fajã do Belo** (2 Std.) öffnet, kreuzen wir über Felsblöcke einen Bach. An regenreichen Tagen schießt dort ein Wasserfall aus der Felsspalte

Tour 22

hervor. Nur wenig später wandern wir durch Hausruinen und unbewirtschaftete Felder und Gärten der Fajã, die eine düstere Atmosphäre verbreiten. Am anderen Ende klettert der Pfad erneut die Steilwand hoch und ›hüpft‹ am Hang Auf und Ab.

Hinter uns ist die Fajã da Caldeira de Santo Christo wieder zu sehen, während sich vor uns schon die wunderschöne Fajã dos Cubres erstreckt. Das geröllige Bachbett der Ribeira do Ferro (dt. der Eisenbach) wird gekreuzt. Nun dauert es nicht mehr lange, bis wir endgültig zum Parkplatz am Strand absteigen. Eine Sandstraße leitet uns zur Kirche im Herzen der **Fajã dos Cubres** (2.45 Std.), die für ihren traumhaft schönen See berühmt ist.

Die Nordküste São Jorges mit den Fajãs: Fajã dos Cubres und Fajã da Caldeira de Santo Christo.

Die Fajãs von São Jorge

Die Fajãs sind kleine Landzungen, die sich am Fuße der steil aufragenden Berghänge durch Anschwemmungen und Erosionen gebildet haben. Das von den Hängen abfließende Regenwasser hat diese stellenweise ganz abgeschliffen oder tiefe Kanäle ausgewaschen. Zurück blieb eine bizarre Berglandschaft, die mit ihren schroffen Bergrippen, tiefen Klüften, zahlreichen Wasserfällen und markanten Felsvorsprüngen begeistert.

In starkem Kontrast dazu stehen die fast paradiesisch anmutenden Fajãs mit ihren wunderschönen blaugrünen Lagunen. Im Laufe der Jahrhunderte entstanden fruchtbare Obstgärten, Yamsplantagen und Maisfelder. Dank des freundlichen Mikroklimas gedeihen auf ihnen einige Kaffeeplantagen, tropische Früchte und wärmeliebende Bäume und Pflanzen wie Drachenbäume,

Agaven und Aloen. Ihre Bewirtschaftung ist jedoch wegen ihrer oft sehr abgelegenen und schwer zugänglichen Lage ein sehr mühseliges Unterfangen. Futter für das Vieh wurde von den oben in den Bergen gelegenen Weiden über handbetriebene Drahtseilwinden heruntergelassen. Anderes wird über teils abenteuerliche Pfade auf dem Pferde- oder Eselsrücken hinunter transportiert. Heute sind nur noch die Fajãs ständig bewohnt, die an das Straßen- und Stromnetz angeschlossen werden konnten, wie die Fajã do Ouvidor oder dos Cubres. Für viele kleinere sind die Kosten einfach zu hoch.

Tour 23

Aussichtsreicher Küstenweg

Von Fajã do São João zur Fajã dos Vimes

Entlang der Südostküste der Insel São Jorge bestehen noch die uralten Wege, die ehemals die einzigen Verbindungen zwischen den Bergdörfern und den abgelegenen Fajãs am Fuße der hohen Berge der Serra Topo waren.

DIE WANDERUNG IN KÜRZE		
+++ Anspruch	**Charakter:** Anstrengende Wanderung aufgrund eines Anstiegs von 530 m über Fahrstraßen, Sandstraßen und überwiegend alten Pfaden. Schwindelfreiheit ist erforderlich, da stellenweise der Weg beim Abstieg von Loural nur fußbreit oder von Erdrutschen verschüttet ist. Die Wanderung ist jedoch ungefährlich und gut zu gehen.	**Wanderkarte:** Ilha de S. Jorge (E), 1:50 000
4 Std. Gehzeit		**Einkehrmöglichkeiten:** Café in Fajã do São João im Sommer
13 km Länge		**Anfahrt:** Von Calheta **mit dem Taxi** bis kurz vor São Tomé zum Abzweig zur Fajã do São João. Wieder abholen lassen von der Fajã dos Vimes an der Kirche

Auf der Hochfläche im Osten São Jorges zweigt kurz vor der Siedlung **São Tomé** von der Inselhauptstraße EN 2 die neue Fahrstraße zur Fajã do São João ab. Die grüne Einöde unterhalb der Gipfel der Serra Topo wird nur von einzelnen grasenden Kühen, Wacholderbäumen und Baumheidesträuchern unterbrochen. Wenig später biegt die Fahrstraße vor dem Sendemast auf der Bergkuppe Marcelina nach rechts ab und folgt bequem abfallend der Einbuchtung des Baches Grota Saramagueira, der sich hier tief in den steilen Berghang eingeschnitten hat.

Wenn wir um eine Bergnase herumkommen, ergibt sich vor uns ein wunderschöner Weitblick über die imposante Südostküste bis nach Calheta. Es scheint nur ein Katzensprung über das Meer zur Nachbarinsel Pico zu sein. So weit im Osten wirkt der Vulkan Pico verhält-

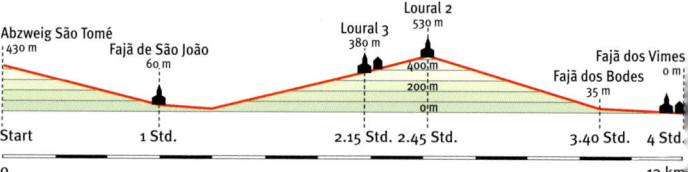

nismäßig klein, der gerade eben hinter der lang gestreckten mächtigen Hochebene hervorschaut.

Wir bleiben auf dem Hauptweg, bis gegenüber einer Quelle ein sandiger Fahrweg abzweigt. Es ist die alte Straße zur Fajã hinab. Zunächst noch bequem verliert sie jedoch bald in kurzen steilen Kehren rasant an Höhe. Grüner Mischwald säumt den Weg. Üppig ranken sich Efeu und Ackerwinden um die Stämme. Je tiefer wir kommen, desto schwüler wird es. Deutlich ist der Wechsel vom kühl-feuchten Bergklima zum tropisch anmutenden Klima unten an der Küste zu spüren.

An einer Quelle stoßen wir wieder auf die neue Straße, auf der wir weiter abwärts gehen. Unter uns können wir bereits die **Fajã do São João** (1 Std.) liegen sehen. Eine letzte Serpentine ist zu überwinden, bevor wir am Wege-T bei der Kirche stehen. In direkter Nachbarschaft zur Kirche befindet sich das Café. Wir wenden uns nach rechts und wandern leicht bergab zwischen putzigen kleinen

Steinhäuschen und Feldern hindurch. Selbst der kleinste Fleck bis hoch an die fast senkrechten Felswände heran wird zum Anbau genutzt. Auf den oft winzigen Terrassenfeldern gedeihen Bananenstauden, Orangen- und Feigenbäume, Mais, Kürbis, Wein und Yams, der an seinen charakteristischen fächerartigen großen Blättern zu erkennen ist. Er wird in vielen Gerichten auf den Azoren verwendet wie zum z.B. für die *linguiça com inhame* (in Schmalz ausgebackene Fleischwurst mit Yams). Drachenbäume schmücken die Gärten, die einen Reichtum an farbenprächtigen Blumen zeigen.

Schließlich bietet der schmale Küstenstreifen in der Baía da Areia nur noch Platz für einen groben, sandigen Fahrweg. Er endet hinter der Brücke über den Ribeira de São João, der in wilden Kaskaden über riesige Felsblöcke ins Meer fließt. Nun beginnt der steile Anstieg die Bergflanke des Picos de São João hinauf. Wir folgen dem Hauptweg,

Jedes Dorf hat seine Bar – hier mit einem kleinen Krämerladen in Fajã de São Jorge.

von dem immer wieder kleine Pfade zu den hinter Bambus verborgenen Feldern der Fajã de Além links und rechts des Weges abzweigen. Mühselig muss die Ernte in Körben auf den Schultern oder per Pferd und Maulesel abtransportiert werden. Nach einer Weggabelung gewinnen wir nach rechts in mehreren steilen Kehren schnell an Höhe. Sobald wir um eine Felsnase herumkommen, flacht der Weg ab und öffnet sich ein grün überwucherter wild-romantischer Felskessel. Auf der anderen Seite klammert sich die kleine Gemeinde **Loural Terceira** (Terceira= dt. die Dritte; 2.15 Std.) an den Berghang. Mehrere Bäche stürzen über Felswände in die Tiefe hinab. Über den letzten hilft eine kleine Holzbrücke über die beeindruckende Klamm hinweg.

Bei den ersten Häusern treffen wir geradeaus gehend auf eine Sandstraße. Alle Abzweigungen ignorierend steigen wir weiter moderat zur hübschen Einsiedlerkapelle bei **Loural Segunda** (Segunda= die zweite; 2.45 Std.) auf einem Bergrücken des Picos dos Frades hinauf. Dort geradeaus bergab weiterlaufen. Nur wenig später zweigt vor einem alten Steinhaus ein Feldweg nach links ab (ausgeschildert Fajã do Vimes). Nicht den Trampelpfad direkt beim Haus nehmen.

Nachdem der Feldweg nach rechts abknickt, verschwindet nach links der alte Verbindungspfad zwischen zwei Lavasteinmauern. Er windet sich in steilen Absätzen durch dichten Lorbeerwald bergab und kreuzt mehrere Bäche zwischen gewaltigen Felsblöcken, die zu erfrischenden Pausen einladen. Der Weg ist deutlich schmaler und verwilderter als der erste. An manchen Stellen gerade mal fußbreit, berei-

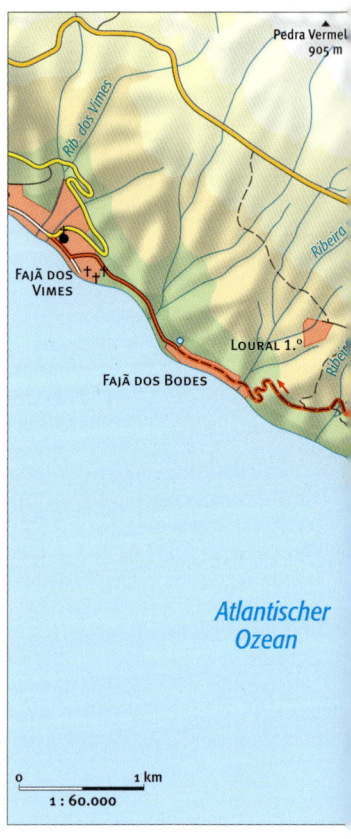

tet er dennoch keine Probleme. Immer wieder ermöglichen Lichtungen fantastische Ausblicke über die Südostküste bis Calheta. Kleine Ziegenherden leisten uns streckenweise Gesellschaft. Nachdem wir den Wald endgültig verlassen haben, ist noch ein größerer Erdrutsch zu überqueren, bevor wir die **Fajã dos Bodes** (3.40 Std.) erreichen. Der Draht einer alten Seilwinde ist bei den ersten Steinhäuschen quer über den Pfad gespannt. Eine Treppe führt links von einem Steinhaus zum Bachbett der Ribeira do Cavalete hinab. Die alte Brücke wurde

von einem Unwetter weggespült. Falls der Bach nicht ausgetrocknet ist, helfen ein paar Trittsteine bei der Überquerung.

Jetzt ist es nicht mehr weit, bis wir die Sandstraße der Fajã erreichen. Eine Quelle rechts des Weges markiert den Anfang. Im leichten Auf und Ab geht es den Küstenstreifen entlang. Vor einem Friedhof lehnen die Grabsteine vergangener Jahrhunderte an der Mauer. Platz ist hier knapp. Neue Gräber werden nur mit einer Nummer gekennzeichnet, die – wie zum Ausgleich – mit Massen prachtvoller Blumen geschmückt sind.

Kurz danach gelangen wir an ein Wege-T. Nach rechts führt eine Sandstraße ins Zentrum der idyllischen **Fajã dos Vimes** (4 Std.). Sie ist die größte der drei Fajãs, die in dem landschaftlich reizvollen Talkessel der Ribeira dos Vimes liegt. Mit Blick auf das schäumende Meer liegt die Kirche Nossa Senhora do Carmo. Stets am 16. Juni ist sie der Höhepunkt der Romaria da Senhora do Carmo – der Pilger der ›Frau von Carmo‹, die als Schutzheilige über die Einwohner der Fajã wacht.

Zwischen Himmel und Meer

Von der Caldeira hinab durch das Tal von Flamengos

Die Wanderung rund um die Caldeira Faials mit ihren herrlichen Ausblicken und entlang des schönen Tals von Flamengos hinunter zur
Ostküste nach Horta ist einer der Klassiker der Azoren.

DIE WANDERUNG IN KÜRZE

++ Anspruch	**Charakter:** Aufgrund der Länge mittelschwer mit zwei steilen, aber sehr kurzen Anstiegen. Ansonsten geht es fast nur bergab auf Pfaden, Sand- und Asphaltstraßen. Auf dem Kraterrundweg ist Trittsicherheit und Schwindelfreiheit erforderlich.	**Markierung:** Teilweise Holzpfähle mit blauem Ring
5.30 Std. Gehzeit		**Wanderkarte:** Ilhas do Faial e Pico (W), 1:50 000
22 km Länge		**Anfahrt:** Von Horta mit dem Taxi über Largo Jaime Melo hoch zur Caldeira

Ausgangspunkt der Tour ist der Parkplatz unterhalb des Randes der **Caldeira** am Ende der Zufahrtsstraße R. EN 2-2a. Direkt vom Parkplatz führt ein kurzer mit Moos überzogener Fußgängertunnel auf eine Aussichtsplattform an der Innenseite der Caldeira. 400 m trennen uns vom Kraterboden. Knapp 1 450 m misst der imposante Einsturzkrater im Durchmesser, dessen fast senkrecht abfallende Wände mit Zedern, Wacholder, Farnen, Bu-

chen und Moosen bewachsen sind. Viele von ihnen gehören noch zur ursprünglichen Vegetation. Auch auf dem Kesselboden konnten sich Reste des ursprünglichen Lorbeerwaldes und verschiedene endemische Pflanzen erhalten. 1986 wurde die Caldeira daher zum ersten Naturreservat der Insel erklärt. Links vom Tunneleingang geht es über eine kurze Treppe zum Kraterrand. Auf ihm folgen wir links entlang prächtiger Hortensienhecken einem Pfad.

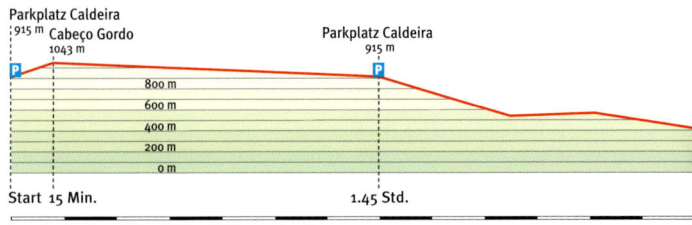

Frühmorgens versteckt sich der fast kreisrunde Krater oft unter einem dichten Wolkenmeer.

An der nächsten Weggabelung nach rechts in Richtung Krater orientieren. Kurz danach beginnt der kurze, aber steile Anstieg hinauf zu den Sendemasten auf dem **Cabeço Gordo** (15 Min.). Er ist mit 1 043 m der höchste Gipfel der Insel und bietet ein grandioses Panorama: zu unseren Füßen Faial mit der beherrschenden Caldeira, im Osten die Inseln Pico und São Jorge und im Norden kann man bei klarem Wetter sogar Graciosa sehen.

Von den Sendemasten auf der Zufahrtstraße ein Stück leicht bergab gehen. Nach etwa 200 m weist eine blaue Markierung nach rechts auf den Weg, der im Uhrzeigersinn auf dem Kraterrand verläuft. Bis Ende des Jahres 2000 war dieser teilweise nur fußbreite Pfad entlang des sehr schmalen Grates noch gesperrt, da Teile davon bei dem schweren Erdbeben am 9. Juli 1998 abgerutscht waren. Nach rechts fällt der Blick tief in den Krater. Bis zum Vulkanausbruch von Capelinhos 1957/58 gab es auf dem Grund noch einen tiefblauen See zwischen den kleinen Vulkankegel. Doch durch die Erdstöße öffneten sich kleine Spalten im Boden, durch die das Wasser zusehends versickerte.

Nach links schweift der Blick hinab über die grünen Caldeirahänge zu den Ortschaften an der Küste und weit über das leuchtend blaue Meer. Alle Abzweigungen nach links ignorieren und zwischen Hortensienhecken wieder zum Ausgangspunkt am **Parkplatz** (1.45 Std.) wandern. In mehreren Haarnadelkurven windet sich die Asphaltstraße von dort zwischen Hortensienhecken abwärts. Die erste Abzweigung auf ihr nach rechts ist die breite Sandstraße Caminho de Penetração do Alto da Falca. Sie zieht sich auf gleicher Höhe bleibend unterhalb des Cabeço Gordo am Hang entlang. Etliche kleine Bacheinschnitte, die völlig mit Hortensien überwachsen sind, kreuzen unseren Weg.

Schließlich biegt die Sandstraße nach links ab und verschwindet ein paar Meter weiter in einem Wald aus Japanischen Sicheltannen. Wenn wir wieder aus dem Wald herauskommen, passieren wir ein verfallenes Stallgebäude und steigen immer geradeaus auf dem breiten Rücken der Serra da Feteira bequem in Richtung Horta an der Küste ab. Am Horizont ragt der allgegenwärtige Vulkankegel Pico auf. Die Sandstraße ist streckenweise grob geteert. Waldpassagen wechseln sich mit Weiden ab. An einer größeren Kreuzung im Wald passieren wir einen Picknickplatz mit Quelle, der zu einem botanischen Rundgang durch die Baumflora der Azoren einlädt. Neben so auffälligen Exemplaren wie der Nor-

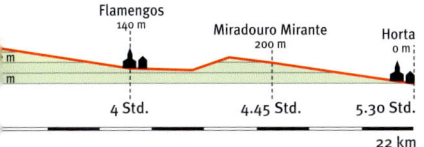

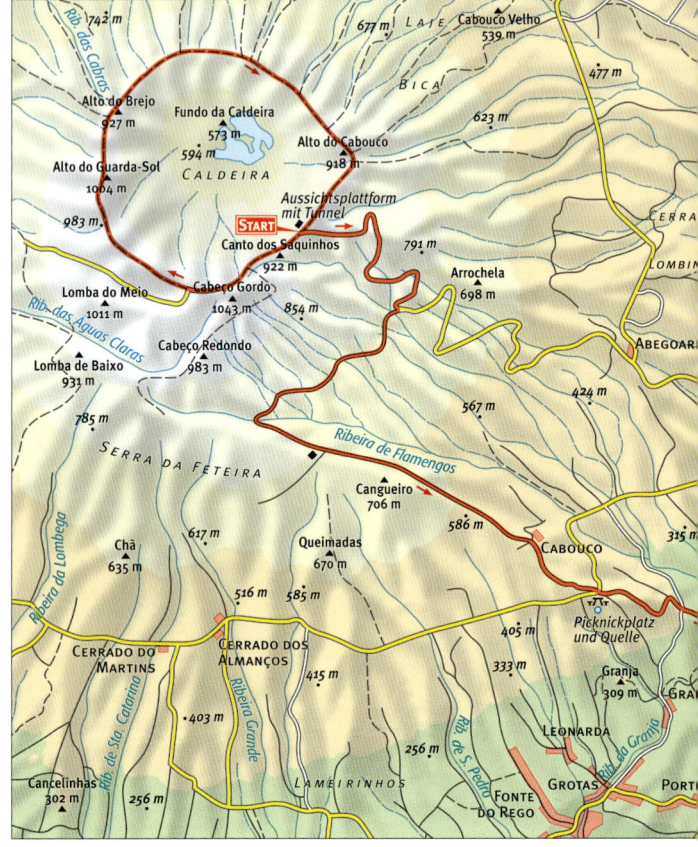

folktanne mit ihren langen, senkrecht nach oben stehenden Nadeln entdecken wir u. a. Eukalyptus, Lorbeer, Araukarien, Wacholder und Baumheide.

Geradeaus schlängelt sich die Straße nun steiler werdend weiter auf dem Bergrücken abwärts. Nach links ergeben sich immer wieder Ausblicke in das idyllische Tal von Flamengos, in dem sich kleine weiße Häuschen mit roten Dächern an die grünen Hänge schmiegen. An der Kreuzung in Cruz do Bravo bei einer kleinen Kapelle von 1902 biegen wir nach links in die Rua Lameiro Grande. Nahtlos schließen sich die Häuser von **Flamengos** (4 Std.) an.

An einem Wege-T setzt sich nach rechts die Wanderung durch den Ort fort. Eine typische Bauweise der Gebäude ist die abgetrennte Kochstelle, die mehrere Meter vom Wohnbereich entfernt hinter dem Haupthaus errichtet wird. Neben zahlreichen frisch renovierten Gebäuden zeigen viele große Risse in der Fassade. Einige sind halbe Ruinen mit abgesackten Dächern oder sogar völlig eingestürzt. Auch in Flamengos sind

wie vielerorts die Schäden des Erdbebens von 1998 noch zu sehen. Das Epizentrum lag damals 15 km vor der Küste. Die Erschütterungen waren bis Pico und São Jorge zu spüren. 1 700 Nachbeben wurden registriert. Insgesamt betrug der Schaden um die 50 Millionen Euro.

An einer Abzweigung geradeaus erreichen wir die nächste Kreuzung. Links in Richtung Caldeira überspannt eine Brücke die Ribeira de Flamengos. Unmittelbar dahinter kehren wir dann der Kirche den Rücken zu und folgen der Straße orographisch links vom Bach in Richtung Horta. Der zweite geteerte Fahrweg nach links steigt sehr steil durch die Siedlung Atafoneiro auf. Einige traditionelle Häuser finden sich entlang der Rua do Atafoneiro, die aufgrund ihrer Enge nur in eine Richtung befahrbar ist. Oben halten wir uns bei einem Wege-T rechts und wandern gemächlich auf dem Bergrücken von Espalamaca bergab. Eine Pappelallee spendet an heißen Tagen wohltuenden Schatten.

Nach rechts überblicken wir das nach Horta hin sanft auslaufende Tal von Flamengos, das auf seiner anderen Seite nun vom Vulkankegel Monte Carneiro flankiert wird. Mais- und Weizenfelder, Kartoffeläcker und Obstgärten bedecken das fruchtbare Tal. Der Aussichtspunkt **Miradouro Mirante** (4.45 Std.) lädt zu einer Rast ein. Kurz danach erreichen wir eine Weggabelung, an der wir uns rechts halten, und passieren linker Hand ein altes Herrenhaus.

Das Eingangstor wird umrahmt von schönen, alten Kachelbildern, den *Azulejos,* die Szenen aus dem ländlichen Leben darstellen. ›Kleiner Stein‹ bedeutet diese aus dem Arabischen stammende Bezeichnung für Kacheln, die im 15. Jh. nach Portugal kamen. Vorherrschend sind religiöse Motive, oft Schutzheilige, die das Haus vor Unheil schützen sollen. Doch auch ganze Landschaften und historische Szenen, die mit Pinseln und später auch mittels Schablonen auf die zuvor gebrannten Kacheln gemalt wurden, schmücken die azoreanischen Haus- und Kirchenwände.

Jetzt weitet sich die Sicht auch nach links ins Tal von Praia do Almoxarife. An den folgenden zwei Wegverzweigungen wählen wir stets die Straße nach rechts bergab, die bei den Häusern von Lomba in eine alte gepflasterte Steinstraße übergeht. In einer Rechtskehre ist nach links Praia do Almoxarife ausgeschildert. Wir aber bleiben auf der alten Steinstraße, die anschließend zwischen meterhohen Mauern abtaucht. Sie sind dicht mit Moos, Farnen und Schilf bewachsen. In den Ritzen der großen Steinquader tummeln sich zahlreiche Eidechsen, die in den Sonnenflecken baden.

An einer breiten Wegverzweigung befindet sich rechter Hand ein Café mit Laden. Dort gehen wir ein paar Schritte nach links, wo sich die Straße erneut hinter einem kleinem Império mit den Jahreszahlen 1923 und 1958 gabelt. Dort biegen wir nach rechts ab. Ein alter Verbindungspfad, der Calcada da Conseição, führt uns unter einer Brücke durch und an hohen Mauern entlang.

Die vielen Feigenbäume liefern dabei nicht nur äußerst schmackhafte Früchte, sondern ihr Mark dient auch als Material für eine seltene Kunstfertigkeit der Insel. Sie wurde wohl von den geschickten Nonnen in den Klöstern erfunden und seit Mitte des 19. Jh. auf Faial ausgeübt. Ihr bedeutendster Meister war Euclides Rosa, der besonders zarte und wunderbare Miniaturen aus dem Feigenmark schuf. Es wird zunächst in feine und durchsichtige Streifen geschnitten, die dann mit viel Geschick und Geduld und mit so wenig Klebemittel wie möglich zu Häusern, Mühlen, Blumen, Tieren oder Schiffen geformt werden.

Hinter einem Torbogen stoßen wir auf die Straße durch Conceição. Sie führt durch den Ort abwärts, an der Kirche vorbei, überquert die Ribeira de Flamengos über ein Brücke und erreicht nach links die Hafenpromenade von **Horta** (5.30 Std.).

Flamengos

Auf den alten Karten hieß Faial ›Ilha da Ventura‹ (dt. Glücksinsel) und nachdem die portugiesischen Seefahrer sie 1450 entdeckten ›Ilha de São Luis‹ (dt. Insel des heiligen Ludwigs). Der Sage nach bewohnte als Erster ein Einsiedler das Eiland, der sich dorthin vor der Welt geflüchtet hatte. Auf jeden Fall landete 1466 der wohlhabende Flame Josse van

Huerter in Begleitung von 15 Landsleuten auf der bereits schon von Portugiesen bewohnten Insel. Sie waren auf der Suche nach Zinn und Silber. Es hieß, dass diese Bodenschätze hier reichlich vorhanden sein sollten. Ihre Nachforschungen blieben allerdings erfolglos. Aber die Fruchtbarkeit der Insel begeisterte van Huerter. Durch die Vermittlung der Herzogin von Burgund – der Tochter des portugiesischen Königs Dom João I. – erhielt er 1468 den Lehensbrief für Faial. Damit hatte er auch das Recht, Faial weiter zu besiedeln. Die Flamen waren nur zu bereit, in der Ferne ihr Glück zu wagen, denn ihr Heimatland litt schwer unter der Geißel des Hundertjährigen Krieges.

Das Dorf Flamengos bekam daher seinen Namen von den Flamen, die sich hier als erste Siedler niederließen. Sie brachten ebenfalls die flämische Kunst auf die Azoren. Während zahlreiche Kriege den Großteil der flämischen Kunstwerke auf dem europäischen Festland zerstörten, konnten im Vergleich dazu auf den Azoren bis heute eine ungewöhnliche Anzahl flämischer Kunstwerke bewahrt werden.

Das Tal von Flamengos

Der vulkanische Westen

Von Praia do Norte durch die Westspitze Faials

Der westlichste und jüngste Teil der Insel ist eine wüste Urlandschaft: Vulkankegel und Lavazungen, tiefe Schluchten, undurchdringlicher Lorbeerwald und die grauschwarze Mondlandschaft von Capelinhos.

DIE WANDERUNG IN KÜRZE

+++
Anspruch

5.30 Std.
Gehzeit

22 km
Länge

Charakter: Anstrengende Wanderung mit einigen Anstiegen über Sandstraßen, Fahrwege, verwilderte Naturstraßen, Pfade und weglos durch Lavasand. Größere Strecken führen durch Wald.

Markierung: Teilweise Holzpfähle mit rotem Ring

Wanderkarte: Ilhas do Faial e Pico (W), 1:50 000

Einkehrmöglichkeiten: Bar und kleiner Laden in Norte Pequeno, Restaurant in Fajã

Anfahrt: Von Horta **mit dem Bus** vor dem Tourismusbüro (nur werktags vormittags) nach Praia do Norte fahren. Info: Tourismusbüro Faial, Rua Ernesto Rebelo 14, 9900 Horta, Internet: ww.drtacores.pt. **Mit dem Taxi** von Fajã wieder nach Horta zurückkehren. Das örtliche Taxi kann im Restaurant in Fajã bestellt werden.

Hinweise: Ein schöner Strand in Fajã lädt zum Baden ein. Die Exposição Fotográfica Vulcão dos Capelinhos ist eine umfangreiche und interessante Fotoausstellung zum Vulkanausbruch von Capelinhos in Canto.

Die Tour beginnt in **Praia do Norte** an der Kirche. In dem Straßendorf hoch über dem Meer scheint die Zeit stehen geblieben zu sein. Zur Erntezeit wird der Weizen wie von jeher mit dicken Stöcken gedroschen. Von der Kirche gehen wir auf der Inselrundstraße EN 1-1.a in Richtung Capelo. Kurz vor der Abzweigung nach rechts hinab nach Fajã folgen wir der Fahrstraße nach links die Hänge der Caldeira hinauf. Ausgeschildert ist hier

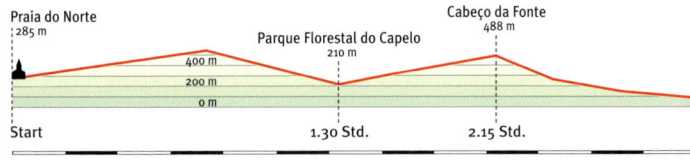

Praia do Norte
285 m

Parque Florestal do Capelo
210 m

Cabeço da Fonte
488 m

400 m

200 m

0 m

Start

1.30 Std.

2.15 Std.

Cabeço Gordo. Zwischen saftig grünen Weiden steigen wir moderat bergauf.

An einem Wege-T halten wir uns auf der Sandstraße nach rechts. Gelegentlich wirbeln die großen Lastwagen einer nahen Sandgrube den Straßenstaub auf. Leicht bergauf wandern wir auf den formschönen, grün überwachsenen Vulkankegel Cabeço Verde (dt. grüner Hügel) zu. Kurz davor knickt die Straße nach links ab und mündet zwischen ihm und einem kleineren Cabeço linker Hand in eine Fahrstraße. Es ist die Zufahrtsstraße zu den Sendemasten auf dem Cabeço Gordo. Wir gehen jedoch nach rechts am Cabeço Verde vorbei bequem bergab. Auf dieser Seite befindet sich die Sandgrube, die sich schon tief in den Vulkankegel hineingefressen hat. Seine roten Aschenschichten eignen sich hervorragend für den Bau der typischen roten Sandstraßen.

An einer Verzweigung bei einem Steinhäuschen bleiben wir auf der Fahrstraße geradeaus weiter abwärts. Die Straße schlängelt sich hier durch die *Zona do Mistério*. Mistério – Geheimnis – so nannten die Insulaner ein Gebiet, das nach einem Vulkanausbruch von Lava überflossen war und unbewohnbar wurde. Ungehindert konnten sich dort Bäume und Pflanzen ausbreiten. Zedern, Heidegewächse und azoreanischer Lorbeer schufen einen dämmrigen, feuchten Lorbeerwald, in dessen Sonnenschutz zahlreiche Sträucher, Blumen, Farne und Moose alles zu einer dichten, grünen Masse verwoben.

Fasziniert von der ›grünen Hölle‹ passieren wir die malerischen Ruinen der Fonte das Areias, die immer noch ausgezeichnetes Trinkwasser liefert. Schließlich erreichen wir den **Parque Florestal do Capelo** (1.30 Std.) links der Straße mit Picknickplatz und einem Naturlehrpfad. Kurz danach stehen wir an einem Wege-T, wo eine Übersichtskarte der Gegend die Orientierung erleichtert. Vor uns auf der anderen Straßenseite liegt der örtliche Fußballplatz. Nach links geht es nach Capelo und Cruzeiro. Wir laufen jedoch auf der breiten Asphaltstraße nach rechts, ignorieren eine nach links abzweigende Fahrstraße und stoßen zwischen Weiden und einzelnen Häusern auf die Inselrundstraße. Vor uns ragt unser nächstes Ziel hoch auf, der Cabeço da Fonte.

Die wasserreiche Fonte das Namorados (dt. Quelle der Liebhaber) an seinem Fuße gab ihm den Namen. Wegen seines üppigen leuchtend grünen Bewuchses sowohl außen als auch im engen trichterförmigen Krater wird er oft ebenfalls mit Cabeço oder Pico Verde betitelt. Ein paar Meter nach rechts auf der Straße weist u.a. ein Schild ›Walking trail/trilho turistico‹ auf die Fortsetzung der Wanderung hin. Nur wenig später gabelt sich der sandige Fahrweg. Wir wählen den, der zur linken Flanke des Vulkankegels ansteigt. An

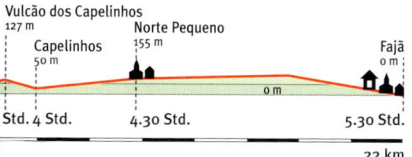

Vulcão dos Capelinhos
127 m
Capelinhos   Norte Pequeno
50 m   155 m   Fajã
                                             0 m
                      0 m
Std. 4 Std.   4.30 Std.   5.30 Std.

22 km

deren Fuß treffen wir auf eine breite Sandstraße. Noch ein kurzes Stück auf ihr nach links, dann windet sich nach rechts eine Sandstraße zum **Cabeço da Fonte** (2.15 Std.) hoch und umrundet den Gipfelkrater.

Von dort überblicken wir den gesamten Westen Faials: die Caldeira mit Cabeço Gordo, an den sich grün überwucherte Vulkankegel – Cabeço dos Trinta, Cabeço Verde, Cabeço do Fogo und hinter dem Cabeço da Fonte der Cabeço do Canto – bis zur Küste hinab aneinanderreihen, dann Praia do Norte, das im Nordwesten oberhalb der Steilküste thront, und im Südwesten der Blick über die Steilküste bis zum markanten Landvorsprung Castelo Branco und natürlich im äußersten Westen die grauschwarze Vulkanlandschaft von Capelinhos. Deutlich lässt sich nun erkennen, dass der Mistério auf einer Lavazunge des Cabeços do Fogo steht. Bei dem Vulkanausbruch in 1671/72 floss die Lava zu beiden Seiten hinunter zum Meer aus und begrub dabei ein erhebliches Stück Land unter sich.

Auf dem Rückweg zweigt in der ersten Serpentine nach rechts ein markierter Pfad ab. Er steigt durch das Gebüsch steil auf einem Grat orographisch rechts von einer tiefen Klamm ab. Sie trägt den Namen Furna Ruim (dt. fiese Höhle). Durch den dichten Pflanzenteppich ist kaum zu sehen, wo der Boden aufhört und die beeindruckende Klamm anfängt.

Nach der ersten Aussichtsplattform gabelt sich der Pfad. Der linke führt uns über einen sehr steilen Abhang durch ein Wäldchen aus Baumheide. Gespenstische weiße Schleier ziehen bei tief hängenden Wolken durch die knorrigen Äste. Vor uns liegt der Cabeço do Canto, dahinter Capelinhos und rechts an

der Küste die Häuser von Norte Pequeno.

Für kurze Zeit wird der Weg bei dem Aussichtspunkt rechter Hand flach. Der Pfad endet an einer Sandstraße auf dem Sattel zwischen den beiden Vulkankegeln mitten im dichten Mischwald. Wir wenden uns nach links. Wenig später biegen wir auf eine vergessene Inselstraße nach rechts ab. Bei der nächsten Gabelung erneut rechts halten und von dem teilweise hüfthohen Bewuchs der Naturstraße nicht irritieren lassen. Zwischen einigen Häuserruinen kommen wir an die Hauptstraße zwi-

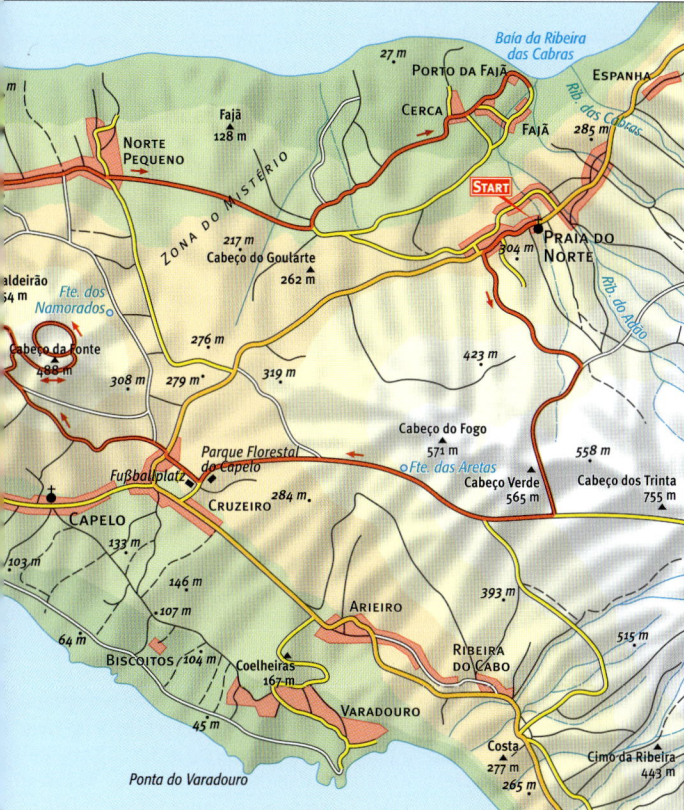

schen Capelo und Canto. Wir folgen ihr nach rechts in Richtung Capelinhos, dessen gewaltige Ausmaße sich bereits von hier erahnen lassen.

Der größte Teil der schönen alten Steinhäuser des Straßendorfes Canto sind seit dem Vulkanausbruch entweder zerstört oder verlassen. Die verängstigten Bewohner emigrierten in die USA und Kanada in der Hoffnung auf bessere Lebensbedingungen. Am Ortsende von Canto ist die Fahrstraße nach Capelinhos nicht zu verfehlen. Wie ein Mahnmal ragen die weithin sichtbaren Reste des alten Leuchtturms aus der Asche. Einst stand er direkt am Meer. Von ihm aus lässt sich der Gipfel des Vulkans erklimmen. Wir folgen dem Weg zum **Vulcão dos Capelinhos** (3.45 Std.): Er gewährt schöne Ausblicke in den mit Aschen gefüllten Krater oder auf die gegenüberliegende imposante Steilwand der ehemaligen Küstenlinie aus roten, ockergelben und schwarzen Lava- und Aschenschichten. Auf demselben Weg zurückgelangt, kürzen wir über die dick mit grau-schwarzer Asche bedeckten Hänge vom Leuchtturm aus nach links zur Hauptstraße hoch ab. Mühselig ist das Gehen auf dem losen Lavasand, der jeden einzelnen Sonnenstrahl hundertfach verstärkt zurückzuwerfen scheint. Allmählich siedeln sich allerdings Pflanzen an. Oberhalb der Hauptstraße befindet sich ein alter bunkerähnlicher Walausguck (port. *Vigia*), von dem aus der damals 33-jährige Walspäher José Cunha die ersten Anzeichen des Vulkanausbruchs beobachtete. Wir folgen der Hauptstraße weiter nach **Norte Pequeno** (4.30 Std.). Schlagartig wird die Staubwüste durch wohltuende grüne Weiden und Weingärten abgelöst. Passend dazu auch der Name der hiesigen Bar ›Fin do mundo‹ – ›das Ende der Welt‹.

Hinter dem Dorf wandern wir geradeaus durch den Mistério. Früher bedeckten diese dichten Wälder die gesamte Inselfläche. Zu dem ursprünglichen Bewuchs gehörte auch der immergrüne Gagel, der mittlerweile eine Seltenheit geworden ist. Für die ersten Siedler sah der Baum wie eine Buche aus und sie benannten ihn nach dem Portugiesischen Wort für Buche Faya. Daher ergab sich der Inselname Fayal, was später Faial wurde. Mit Hilfe von Macheten mussten sich die Siedler mühselig ihren Weg hindurch kämpfen und für den Rückweg alle paar Meter Bäume markieren. Heutzutage ebnen Bulldozer im Handumdrehen den Weg.

Nach einem längeren Marsch treffen wir dann auf die Straße, die von Praia do Norte kommend nach **Fajã** (5.30 Std.) hinabführt. Die hübsche Feriensiedlung zwischen Obstgärten mit Orangen-, Limonen- und Feigenbäumen sowie Weinreben an der Baía da Ribeira das Cabras besitzt die schönste Badebucht Faials. Den schwarzen Sandstrand überragt eine mächtige Steilküste. In der Nähe

wurden Halbedelsteine (Olivine) gefunden.

Der Vulkanausbruch von Capelinhos

Schon Tage im voraus bebte die Erde, als am 27. September 1957 ca. 1 km vor der Westküste Faials eine submarine Explosion stattfand. Rauchwolken stiegen aus dem Meer, Aschenfontänen schossen bis zu 2 km in die Atmosphäre. Halb Faial strömte zusammen, um das spektakuläre Schauspiel zu sehen. Innerhalb von 48 Stunden erhob sich eine kleine Insel aus dem Meer, die jedoch knapp 1 Monat später wieder verschwand. Doch durch verstärkte vulkanische Aktivität wurde ca. 100 m östlich eine neue Insel geboren. Ende Oktober waren ganze Landstriche unter einer bis zu 1,5 m dicken Aschenschicht begraben. Vom nahen Weiler Comprido ragen nur noch einige Dachgiebel daraus hervor. Der Vulkan schleuderte Lava so hoch, dass sie in der Luft erkaltete und steinhart zur Erde fiel. Wie durch ein Wunder wurde niemand von diesen Lavabomben erschlagen. Dafür mussten 2 000 Leute ihre Häuser verlassen. Am 12. Mai 1958 wurden die jetzt alle 30 Sekunden erfolgenden Erdstöße so heftig, dass sich überall zahlreiche bis zu 80 cm breite Spalten öffneten. Die Westküste hob sich um einen halben Meter, das Inselinnere sogar um 2 m. Panik brach aus, als in der Caldeira Fumarolen aufstiegen. Bis zum 24. Oktober 1958 vergrößerte sich Faial um 2,4 qkm. Mit der Zeit nagte jedoch das Meer an der neuen Küstenlinie und nahm Capelinhos bis heute schon wieder 1,4 qkm ab.

Auf die weiße Burg

Rund um Castelo Branco

Der weithin sichtbare Landvorsprung Castelo Branco ist nur durch eine schmale Landbrücke mit der Insel Faial verbunden. Sowohl von seinem Gipfel als auch von den sanften Hängen der Caldeira bieten sich grandiose Ausblicke.

DIE WANDERUNG IN KÜRZE

++
Anspruch

4 Std.
Gehzeit

13 km
Länge

Charakter: Mittelschwer aufgrund eines Anstiegs von 400 m auf Feldwegen, Pfaden und überwiegend Nebenstraßen, schattenlos. Schwindelfreiheit und Trittsicherheit sind für die Erklimmung des Landvorsprungs auf dem losen Bimsgestein erforderlich.

Wanderkarte: Ilhas do Faial e Pico (W), 1:50 000

Einkehrmöglichkeiten: Kleiner Laden, Snackbar und mehrere Cafés entlang der Hauptstraße durch das Straßendorf Castelo Branco, zwei Bars in Lombega

Anfahrt: Von Horta **mit dem Auto** über die EN 1-1a in Richtung Flughafen fahren. **Mit dem Bus:** nur werktags und samstags mehrmals von Horta zum Flughafen in Castelo Branco. Info: Tourismusbüro Faial, Rua Ernesto Rebelo 14, 9900 Horta, Internet: www.drtacores.pt

Ausgangspunkt ist der Flughafen in **Castelo Branco,** der schnell hinter uns zurückbleibt. Wir folgen zunächst der leicht ansteigenden Inselrundstraße EN 1-1a in Richtung Capelo durch das friedliche Straßendorf. An einer Straßenkreuzung in der Ortsmitte liegt rechter Hand etwas zurückversetzt eine Kirche und anbei eine schöne kleine Kapelle. Ihre Fassade ist komplett mit Kacheln verkleidet, den *Azulejos*. Neben dem schmückenden Effekt schützen sie die Wände gleichzeitig vor Hitze und Feuchtigkeit.

Nach einem kurzen Marsch zweigt der Caminho do Castelo am Ortsausgang nach links ab. Der asphaltierte Fahrweg führt zwischen von Bambus gesäumten Viehweiden und Maisfeldern hindurch. Verschiedene Feldwege zweigen links und rechts davon ab, die wir alle nicht beachten. Wenn der Caminho do Castelo abrupt nach links abknickt, versperrt ein Eisengatter den Weg. Dahinter führt ein grober sandiger Fahrweg hinab zur Steilküste. Wenig später erhebt sich vor uns der mächtige Landvorsprung, der den gleichen Namen trägt wie der Ort ganz in der Nähe: **Morro do Castelo Branco** (1 Std.). Die Bezeichnung erhielt der Felskoloss wegen seiner natürlichen Farben. Auf einem dunkelgrauen Sockel sitzt weicher, weißlich-grauer Bimstein – und wirkt dadurch fast wie eine ›weiße Burg‹. So lautet

Auf die ›weiße Burg‹

weit ins Meer ragenden Vulkankrater Monte da Guia und natürlich der Pico, der hinter der Silhouette der Caldeira hervorschaut.

Dichte Vegetation verhindert eine genaue Erforschung des Felskopfes. Reste der endemischen Küstenvegetation wie die portugiesische Urze, eine Unterart der Baumheide, haben sich hier einen Lebensraum geschaffen. Auf dem gleichen Weg gehen wir wieder zurück, bis ein paar Meter hinter dem Eisengatter nach links ein weiterer asphaltierter Fahrweg entlang einer Reihe von Strommasten in Richtung Caldeira bequem hinaufführt. Zwischen den Häusern von **Lombega** (1.45 Std.) mündet er – schlicht Morro ausgeschildert – in die Inselrundstraße.

An der Straßenecke fällt uns die hübsche, kleine Kapelle der Siedlung auf. Auch ihre Fassade ist vollständig mit *Azulejos* gekachelt. Sie tragen kunstvolle Muster in verschiedenen Blautönen, der am häufigsten verwendeten Farbe bei der Gestaltung der Fliesen. In diesen *Impérios* werden oft die Schutzheiligen aufbewahrt. Jede Ortschaft hat ihren eigenen, der besondere Verehrung genießt. Jedes Jahr wird dessen Standbild dann in einer Prozession durch die Straßen des Ortes getragen.

Wir wenden uns auf der Hauptstraße nach links und nehmen die erste Fahrstraße nach rechts vor der Ribeira da Lombega weiter bergauf.

sein Name übersetzt ins Deutsche. Verbunden ist dieser vorgelagerte, alte Vulkankegel mit der Insel nur durch eine wenige Meter breite Landbrücke.

Steigspuren im losen Gestein zeigen uns den Weg in kurzen Kehren hinauf. Beim sehr steilen Aufstieg donnert unter uns schäumend der Atlantik gegen die schwarzen Basaltsäulen. Oben werden wir mit einem atemberaubenden Panorama belohnt: die steil abfallende Westküste bis nach Capelinhos, die weiten Hänge der Caldeira mit den Cabeços, den vielen kleinen Vulkankegeln, die Südküste mit dem Ort Castelo Branco bis zum ebenfalls

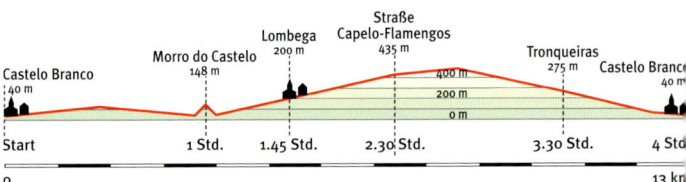

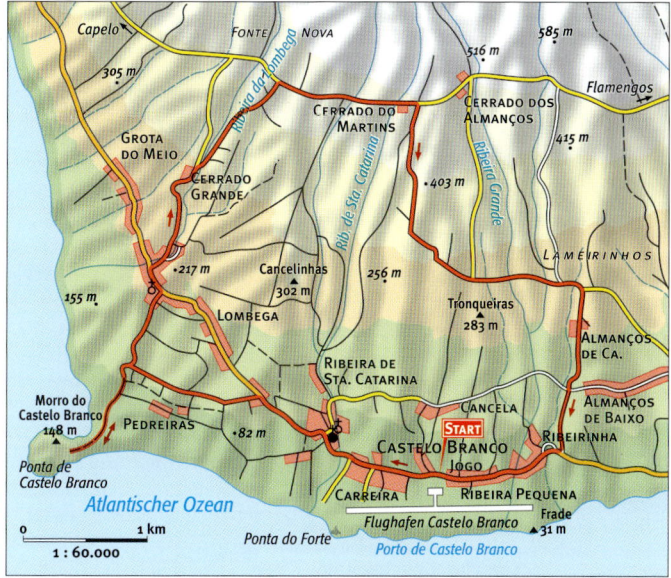

Kurz danach wechselt sie auf die orographisch rechte Bachseite. Bequem ansteigend schlängelt sie sich zwischen mit Hortensien umsäumten Weiden den sanften Südwesthang der Caldeira, die Serra da Feteira, hinauf. Unmengen farbenprächtiger Blumen gedeihen am Wegesrand. In einem deutlich ausgeprägten Bogen umlaufen wir eine kleine Schlucht der Ribeira da Lombega. Nachdem wir erneut die Fluss-Seite gewechselt haben, treffen wir an einem Wege-T auf die **Verbindungsstraße Capelo–Flamengos** (2.30 Std.), auf der wir nach rechts am Hang entlang weiterwandern.

Über beeindruckende Hortensienhecken hinweg, die dem Spitznamen Faials *Ilha Azul* – blaue Insel – in der Blütezeit alle Ehre machen, bleibt unser Blick stets an der markanten Silhouette des Picos hängen. Kurz hinter einem Schild, das auf eine Kreuzung aufmerksam macht, fol-

gen wir der Fahrstraße nach rechts bequem wieder zwischen von Hortensien umgrenzten Feldern zur Küste hinunter. Ein ganzes Stück abwärts schwenkt sie plötzlich nach links, führt links am kleinen Vulkankegel **Tronqueiras** (3.30 Std.) vorbei und biegt ein Stück dahinter wieder zur Küste ab. Wenig später erreichen wir die Siedlung **Almanços de Cima.** An der Kreuzung in Almanços de Baixo sehen wir unten schon den Flugplatz liegen. Geradeaus weiter endet die Rua dos Almanços in Ribeirinha an der Inselrundstraße. Nach rechts gehend gelangen wir zum Flughafen in **Castelo Branco** (4 Std.).

Zwischen Hortensienhecken

Von Salão nach Horta über die Caldeirahänge

Idyllische Tour im Osten der Insel Faial über den Bergrücken Lomba Grande. Kilometerlange, blau-weiße Hortensienhecken und dazwischen grüne Weideflächen verwandeln die Abhänge in blau-grüne Patchworkdecken.

DIE WANDERUNG IN KÜRZE

++ Anspruch	**Charakter:** Mittelschwere Wanderung über Feldwege, Pfade und Nebenstraßen, überwiegend schattenlos. Zu Beginn ein Anstieg von fast 400 m
4 Std. Gehzeit	**Wanderkarte:** Ilhas do Faial e Pico (W), 1:50 000
17 km Länge	**Einkehrmöglichkeiten:** Bar in Pedro Miguel, mehrere Restaurants in Praia do Almoxarife

Anfahrt: Von Horta **mit dem Bus** nach Salão in Richtung Cedros mehrmals werktags und samstags nur morgens. Info Tourismusbüro Faial, Rua Ernesto Rebelo 14, 9900 Horta, Internet: www.drtacores.pt.

Hinweise: Schöne Bademöglichkeit am Strand von Praia do Almoxarife

In **Salão** starten wir von der inselumrundenen Hauptstraße EN 1-1.a unterhalb der Kirche, die weiter oben am Hang über das verschlafene Straßendorf wacht. Himmlischen Beistand hatten die Bewohner auch bitter nötig, denn es war eine der vom Erdbeben in 1998 am stärksten betroffenen Ortschaften. Die schmale Fahrstraße Canada da Igreja führt uns hoch zur Kreuzung am Friedhof. Etliche Häuserruinen, die noch immer von dem Unglück zeugen, flankieren linker Hand die Kirche. Wir biegen nach rechts und wählen nach einer S-Kurve bei den Ruinen eines alten Gehöftes den ersten sandigen Fahrweg den Hang hinauf. Bald treibt uns der immer steiler werdende Anstieg entlang eines Waldes den Schweiß auf die Stirn.

Längs des Weges gedeihen u. a. prachtvolle scharlachrote Hibiskussträucher, gelber wilder Ingwer, Brombeerbüsche, Lorbeer und Zedern. Zurück ergibt sich eine schöne

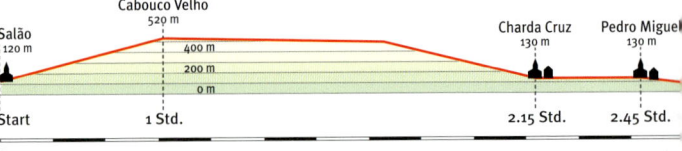

Aussicht über die Küste bei Salão. Je höher wir kommen, desto häufiger begrenzen Hortensien die Felder. Die riesigen Hecken türmen sich hoch über unseren Köpfen auf.

Nachdem der sandige Fahrweg die Verbindungsstraße zwischen Salão und Lomba Grande kreuzt, wird er wesentlich flacher. Bequem wandern wir weiter bergauf durch ein überwältigendes blau-grünes Meer aus Weiden und Hortensien. Die Farben der Blütenblätter werden durch den Boden bestimmt. Saure Erde bedingt weiße Blüten und aluminium- und kaliumsulfathaltige Erde blaue. Schließlich erreichen wir den höchsten Punkt bei **Cabouco Velho** (1 Std.) an der Einmündung in die Straße Ribeira Funda–Flamengos. Ein paar Schritte auf ihr nach links zweigt links erneut eine breite Sandstraße auf den Bergrücken Lomba Grande ab (ausgeschildert mit ›serviços florestal Cabouco Velho‹). Alle Abzweigungen auf dem Weg zur Küste ignorieren. Immer wenn sich Lücken rechts in den Hortensienhecken öffnen, können wir einen der schönsten Ausblicke Faials genießen: bläulich-grün schimmernde Caldeirahänge, die sich in das sanfte Tal der Ribeira da Fonte hinabziehen, vor dem tiefblauen Meer und dahinter der Pico als krönender Abschluss.

Schließlich windet sich der nun asphaltierte Fahrweg nahe der Kuppe Alto da Pedreira entlang der orographisch linken Flanke der Lomba

Aufstieg zum Hügelrücken Lomba Grande

Grande bequem bergab. Unten an der Küste liegt die kleine Siedlung Ribeirinha im Schatten der niederen Lomba dos Espalhafatos, auf der ein Leuchtturm den Schiffen den Weg weist. Das Dreieck, gebildet von den Inseln Faial, Pico und São Jorge, ist eines der fischreichsten des Atlantiks. Abzweigende Wege bleiben bei unserem Abstieg unberücksichtigt.

Bei den Häusern von **Charda Cruz** (2.15 Std.) stoßen wir wieder auf die Inselhauptstraße EN 1-1.a, auf der wir nach rechts um die hoch aufragende Nase der Lomba Grande herumlaufen. Kurz hinter dem Ortsschild von Pedro Miguel kürzen wir nach rechts hoch ab, nehmen an der nächsten Weggabelung den Fahrweg geradeaus und kommen über einen kleinen steilen Hügel zurück auf die Hauptstraße mitten in **Pedro Miguel** (2.45 Std.). Nicht weit an der Kirche vorbei biegt links die Estrada New Bedford ab, die zwischen kleinen gepflegten Häusern und blumenreichen Vorgärten hinabführt und den östlichen Ausläufer des Al

aia do
noxarife
0 m

Horta
0 m

0 m

5 Std.   4 Std.

17 km

to do Cruz umkurvt. Mit Blick über die landschaftlich reizvolle Bucht gelangen wir zur Häuseransammlung Rocha Vermelha, wo eine Straße links zum Hafen von **Praia do Almoxarife** (3.15 Std.) führt.

Dort erwartet uns einer der schönsten Strände der Azoren, allerdings – wie meistens auf den Azoren – aus schwarzem Lavasand. An manchen Tagen stürmen gewaltige Wellen heran und brechen sich mit Getöse am Strand. Dann kann trotz sonnigen Wetters Badeverbot sein. Wenn die Sonne untergeht, vollzieht sich ein weiteres traumhaftes Naturschauspiel. Erst knallorange, dann tiefrot und schließlich zartviolett glüht das letzte Sonnenlicht über der Silhouette des Vulkankegels Pico auf der gleichnamigen Nachbarinsel. In der Ferne glitzern in sternklaren Nächten sogar die Lichter der Insel São Jorge.

Am anderen Ende des Strandes klettert eine Asphaltstraße steil auf den Bergrücken von Espalamaca. Oben wenden wir uns auf der Inselhauptstraße nach links, halten uns bei der nächsten Kreuzung geradeaus und steigen ein kurzes Stück weiter über einen alten Inselpfad nach links wieder ab. Letzterer ermöglicht eine der besten Aussichten über Horta mit dem Vulkankegel Monte da Guia. In Conceição verbreitert sich der Pfad zu einer gepflasterten Steinstraße, die durch den Ort weiter hinabführt und in **Horta** (4 Std.) an der Hafenpromenade auf die Hauptstraße stößt.

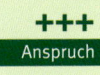

Der höchste Berg Portugals

Die Besteigung des Picos

Der majestätische Vulkan Pico beherrscht mit seinen 2 351 Metern die ganze Insel. Die Besteigung des höchsten Bergs Portugals ist ein lohnendes Abenteuer mit grandiosen Ausblicken über alle Inseln der Zentralgruppe.

DIE WANDERUNG IN KÜRZE

+++
Anspruch

4.30 Std.
Gehzeit

1 151 m
Anstieg

Charakter: Anspruchsvolle und sehr anstrengende Gipfeltour, die Kondition, Trittsicherheit und Schwindelfreiheit erfordert. Stellenweise rutschig durch loses Geröll. Leichte Kletterstellen sind zu überwinden. Nur bei guter Sicht den Pico besteigen!

Markierung: Betonpfosten, die bei Nebel jedoch nicht mehr zu sehen sind!

Wanderkarte: Ilhas do Faial e Pico (W) und Ilha do Pico (E), 1:50 000

Einkehrmöglichkeiten: Keine

Anfahrt: Von Madalena **mit dem Auto** auf der EN-3, die durch das Inselinnere nach São Roque und Lajes führt, ca. 12 km bis zum Abzweig Montanha fahren. Dort nach rechts der Fahrstraße bis zum Parkplatz am Cabeço das Cabras folgen (Informationstafeln). **Taxis** stehen an der Kirche in Madalena parat.

Hinweise: Beim Erdbeben 1998 öffneten sich zahlreiche neue Spalten, sodass die Besteigung seither nur mit Bergführer erlaubt ist (Erfahrene Tourengeher können sich evtl. beim Kontrollposten am Beginn des Anstiegs anmelden und die Besteigung auf eigene Gefahr vornehmen). Gipfeltouren werden von der Organisation Celacanto, Rua Maria Glória Duarte, 9950 Madalena–Pico, angeboten.

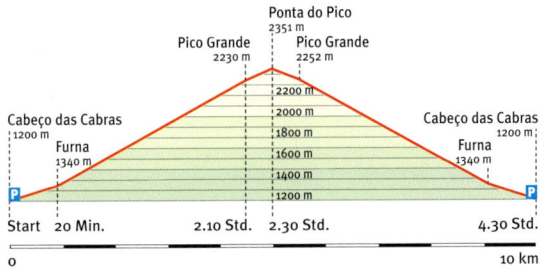

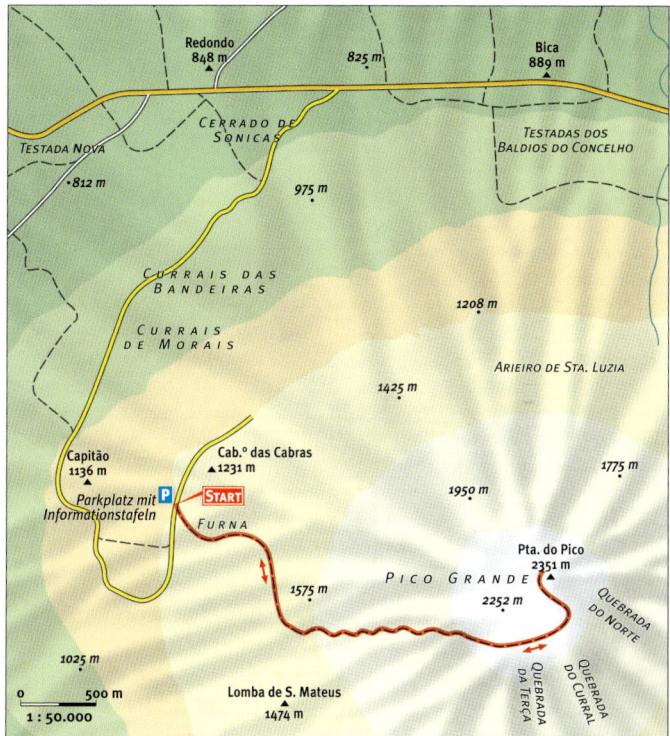

Die Tour beginnt auf 1 200 m Höhe bei einer Parkbucht vor dem kleinen Vulkankegel **Cabeço das Cabras.** Informationstafeln markieren den Anfang des zum Teil tief ausgetretenen Pfades zwischen hohen Grassoden, der links an einem kleinen Seitenkrater des Picos vorbeiführt. Zunächst noch angenehm steigend windet sich der Pfad zwischen Farnen, Thymian, Wacholderbäumen und einer endemischen Heideart (port. *Queiro*) bergauf. Letztere findet sich sogar noch auf einer Höhe von 2 200 m und verleiht den Hängen des Picos im Frühjahr zur Blütezeit einen rosa Farbschimmer.

Wir gelangen linker Hand zur ›**Furna**‹ (20 Min.), einer mehrere Meter

tiefen Grube, die umgeben ist von einigen markanten Felszacken. Oberhalb davon setzt sich der Pfad weiter bergauf fort. Bald schwenkt der Pfad an der Baumgrenze nach rechts und steigt zu einem felsigen Kamm stetig an, wo wir auf die ersten Betonpfosten treffen. Dort knickt der Pfad nach links ab und der äußerst steile Teil des Anstiegs in zahlreichen kurzen Kehren beginnt. Unbedingt auf der markierten Route bleiben! Zwar besteht keine Absturzgefahr, aber abseits der offiziellen Route können unerwartete Spalten gefährlich werden. Der Pfad wird immer undeutlicher. Dicke Lavaschollen, dazwischen befindet sich häufig poröses und lockeres Lavagestein, erschweren das Gehen. Insbesondere später beim Abstieg besteht hier Ausrutschgefahr!

Je höher wir kommen, desto grandioser wird der Blick hinab nach Madalena und zur Nachbarinsel Faial, deren Silhouette durch die Caldeira dominiert wird. Auf etwa 2 000 m biegt der Pfad etwas nach rechts ab und flacht dabei ein wenig ab. Ab dieser Höhe wachsen hauptsächlich Moose und Flechten. Am steil abfallenden Hang entlang steigen wir weiter überwiegend über Fladenlava hoch, die hier besonders gut zu sehen ist. Sie entsteht bei besonders dünnflüssigen Magmen, die meist beim Ausfließen zu Schollen erstarren. Manchmal erinnert ihre Oberfläche auch an nebeneinander gelegte Stricke – dann spricht man von der so genannten ›Stricklava‹.

Schließlich erreichen wir den kahlen Gipfel **Pico Grande** (2.10 Std.). Der rundliche Krater misst im Umfang ca. 700 m und die Tiefe beträgt 30 m. Gegenüber wird er von einem kleinen Vulkankegel gekrönt, die ›Ponta do Pico‹ oder auch ›Piquinho‹ und ›Pico Pequenho‹ (dt. kleine Spitze) genannt. Selbst bei gutem Wetter pfeift hier oben der Wind und die Temperaturen klettern kaum über 10 Grad. Entlang des Kraterrandes gehen wir noch ein Stück gegen den Uhrzeigersinn, bis sich die Kraterinnenwände etwas sanfter absenken. Dort steigen wir an einer geeigneten Stelle in den Krater ab und laufen zu dem spitzen Gipfelkegel hinüber. Am besten lässt sich der **Pico Pequenho** (2.30 Std.) noch durch eine steile Rinne auf der Faial zugewandten Seite erklimmen. Aus Felsspalten unterhalb des Gipfelpfostens entströmen Fumarole. Auf dem gleichen Weg geht es wieder zurück zum **Cabeço das Cabras** (4.30 Std.)

Pico

Von allen Inseln der Zentralgruppe aus ist der Pico, der höchste Berg der Azoren und Portugals, zu sehen. Selbst wenn er sich in Wolken hüllt – was häufig geschieht – scheint er dennoch allgegenwärtig zu sein. Ilha Montanha, die Insel des Berges, wird die Insel Pico daher auch genannt. Steht man an einem klaren Tag oben auf seinem Kraterrand oder sogar auf dem aufsitzenden Vulkankegel Pico Pequenho, dem höchsten Punkt, bietet sich ein überwältigender Rundblick auf Pico und die anderen Inseln der Zentralgruppe Faial, São Jorge, Terceira und Graciosa.

Ein Erlebnis der besonderen Art ist die Übernachtung hoch oben im Krater, um den Sonnenuntergang und -aufgang zu beobachten. Schien die Insel von Faial aus nur aus dem runden mächtigen Vulkankegel zu bestehen, lässt sich ihre längliche Form nun klar erkennen. Im Osten schließt sich eine lang gestreckte Hochebene mit zahlreichen aufgesetzten Vulkankegeln und wunderschönen Kraterseen an den Pico an, die dann schließlich als Steilküste zum Meer abstürzt. Sie trägt den seltsamen Namen Bagaço (dt. Tresterschnaps). Wie der Trester, der als Rückstand beim Weinkeltern entsteht, ist die für den Weinanbau ungeeignete Hochebene eine Landfläche, die übrig blieb. Das westliche, tiefer gelegene Gebiet auf der anderen Seite des Picos dagegen neigt sich sanft zum Hauptort Madalena hinab.

Von Obsthainen und Lavahöhlen

Vom Pico hinab nach Madalena

Die abwechslungsreiche Tour führt von einer vulkanischen Urlandschaft über die sanft geneigten Westhänge des Vulkans Pico zu den
Wein- und Obstgärten unten an der Küste der gleichnamigen Insel.

DIE WANDERUNG IN KÜRZE

+ Anspruch	**Charakter:** Einfache Wanderung über Fahr- und Sandstraßen und Pfade mit einem kleinen Anstieg zum Schluss
4 Std. Gehzeit	**Markierung:** Teilweise rote Punktmarkierungen
	Ausrüstung: Taschenlampe
15 km Länge	**Wanderkarte:** Ilhas do Faial e Pico (W), 1:50 000
	Einkehrmöglichkeiten: Keine

Anfahrt: Von Madalena **mit dem Auto** auf der EN-3, die durch das Inselinnere nach São Roque und Lajes führt, ca. 12 km bis zum Abzweig Montanha fahren. Dort nach rechts der Fahrstraße bis zum Parkplatz am Cabeço das Cabras folgen (Informationstafeln). **Taxis** stehen an der Kirche in Madalena parat.

Von der Parkbucht (Informationstafeln) vor dem **Cabeço das Cabras** (dt.
Ziegenkopf) gehen wir auf der Fahrstraße ein Stück zurück. Der kleine
Vulkankegel erhielt wohl seinen Namen von den zahlreichen Ziegen, die
hier oben weiden. Schon bald können wir nach rechts über einen breiten grasigen Weg zwischen den Hei-
desträuchern und Wacholderbäumen
die Fahrstraße bequem bergab abschneiden. Kurz vor dem Cabeço do
Capitão trifft der alte, nicht mehr be-
nutzte Weg wieder auf die Fahrstraße. Wir wenden uns auf ihr nach
rechts, passieren den Vulkankegel
und ein paar Meter weiter auf der linken Seite den Cabeço da Bola.

Direkt hinter dem Cabeço da Bola
verlassen wir die Fahrstraße und
steigen über den Grashang ab bis zu

einer Lavasteinmauer. Sie trennt das
unter Naturschutz stehende Gebiet
von dem landwirtschaftlich genutzten Privatland und bedeutet gleichzeitig einen spürbaren Wechsel in
der Landschaft. Während hinter uns
drohend und dunkel der Pico aus einer wilden, rauen Bergwelt aufragt,
breitet sich vor uns grünes, sanft ge-
welltes Kulturland aus.

Wir laufen entlang der Lavasteinmauer nach rechts, bis hinter einem
Gatter (1 Std.) links ein alter Weg
zwischen zwei Lavasteinmauern abzweigt. Fast vollständig mit Brombeerranken zugewuchert, an noch
offenen Stellen von Kühen zertram-
pelt und mit Lavageröll übersät, ist
er jedoch nicht mehr begehbar. Einfach rechts davon über die Weiden
absteigen. Dabei sind mehrere Mau-

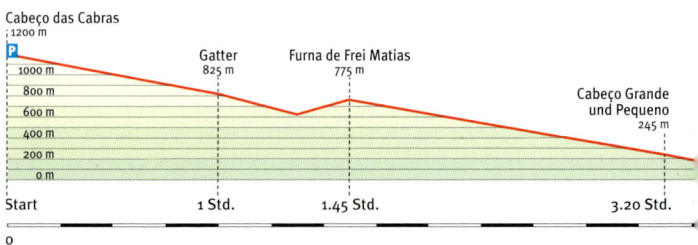

Ilhéu Em-Pé
Ilhéu Deitado — Ponta do Arieiro

MADALENA — CARMO — COLÊGO — BISCOITOS

Areia Funda — Outeiro 19 m — CABO BRANCO Outeiro — SETE CIDADES — 78 m — QTA. DAS ROSA

Areia Larga — BICADAS

Canada do Poço — VALVERDE — ROCHEDO — Cabeço Grande (Sete Cidade

SERTÃO — BACELO — 134 m — CABEÇO PEQUENO 295 m

João Lima — CANADA DO FONTE

Rosário — CRIAÇÃO VELHA — DOIS CAMINHOS

Tapadas — LAJIDOS — 34 m — CANADA DO COSTA — 213 m — 263 m

Touro 203 m — CABEÇO DA QUEIMADA

Alto da Cerca — Canada Nova — LAJES DA CEVADA — •274 m

Cabeço do Rodrigues En 364

Atlantischer Ozean

Monte 135 m

Pocinho — Monte — Cabeça da Cima 226 m — Bravo 403 m

Calhau — CANTO — 74 m — PEDRAS

Ponta da Madre Silva — Curralinho — Pia de Água 428 m

Ruivo 92 m — MATAS — LOIRA

Cabeço do Meio 198 m

BISCOITOS — 135 m — CAMINHO VELHO

0 — 1 km — FOGOS — CANDELÁRIA

1 : 65.000

Cabeço das Cabras
;1200 m

Gatter 825 m — Furna de Frei Matias 775 m — Cabeço Grande und Pequeno 245 m

1000 m / 800 m / 600 m / 400 m / 200 m / 0 m

Start — 1 Std. — 1.45 Std. — 3.20 Std.

0

136

GAFEIRA **BANDEIRAS**

FARROBO

CANTO

ço do Limoeiro
193 m

Tambor
244 m

245 m

MISTÉRIO DE STA. LUZIA

CEDROS
334 m

FURNAS

MARROIO

PAREDES DOBRADAS

Cabeço do Gato
306 m

CALDEIRINHAS

TRAVESSA

514 m

TRÊS CAMINHOS Lourenço Nunes
570 m

376 m

DEIRA DO NÓ

DEIRA BARRETE

ALTO DO BARREIRO 635 m

Redondo
848 m

Cova
573 m

CANADA DAS BANDEIRAS

CERRADO DE SONICAS

FURNA DE FREI MATIAS

TESTADA NOVA

812 m

975 m

602 m

ço do Manuel João
m

Gatter

CURRAIS DAS BANDEIRAS

Cabeço do Tamusgo
629 m

Cabeço Gordo
736 m

Cabeço do José do Moinho
804 m

CURRAIS DE MORAIS

ço das Hortelãs
512 m

große Lava-stein-mauer

Cabeço António da Costa
724 m

START

Capitão
1136 m

Cab.º das Cabras
1231 m

FURNA

543 m

P Parkplatz mit Informationstafeln

Cabeço do João Homem
735 m

1025 m

1525 m

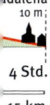

adalena
10 m

4 Std.

15 km

ern zu überwinden. Auf den Weg achten! An manchen Stellen verstecken sich unter dem dichten Gras kleine Lavahohlräume. Vor uns bietet sich ein herrliche Sicht nach Madalena über die leuchtend blaue Meerenge zur Nachbarinsel Faial.

Wir kreuzen eine Sandstraße und setzen unsere Wanderung auf der linken Seite des alten Weges fort. Dieser endet linker Hand an einer verfallenen Milchsammelstelle. Dort gehen wir auf der Fahrstraße nach rechts zur Inselhauptstraße EN-3. Von der Kreuzung aus können wir rechts oben am Straßenrand schon das Schild **Furna de Frei Matias** (1.45 Std.) sehen.

Ein paar Meter noch auf einem Feldweg laufen und dann rechts halten. Eine Treppe führt in die beeindruckende Lavahöhle hinab. Einer Legende nach verbarg sich einst ein Einsiedler vor Piraten dort, nach dem die Höhle dann benannt wurde. Die Lavahöhle gleicht einem fast 600 m langen unterirdischen Tunnel, der entstand, als dünnflüssige Lava unter einer bereits erstarrten Oberfläche abfloss. Im Eingangsbereich spendet ein Loch in der Decke Licht, das Pflanzen gut zu nutzen wissen. Allerdings, nur ein paar Schritte weiter verschluckt uns völlige Dunkelheit. Achtung, deshalb ist eine 2 m hohe Abbruchkante leicht zu übersehen. Und: Der restliche Teil sollte nur mit Höhlenerfahrung und entsprechender Ausrüstung erforscht werden!

Zurück an der Kreuzung verlassen wir die EN-3 wieder nach rechts und wandern auf einer roten Sandstraße in Richtung Madalena bequem bergab, kreuzen erneut die EN-3 und erreichen eine schmale Asphaltstraße. Ein paar Meter nach rechts stoßen wir wieder auf einen sandigen Fahrweg. Er führt zwischen Weiden und Wäldchen aus Japanischen Sicheltan-

nen und einer aus Australien stammenden Unterart des Klebsames weiter abwärts.

Wir missachten alle Abzweigungen und folgen dem kurvigen, sandigen Hauptweg bequem bergab. Die Weiden bleiben hinter uns zurück. Mischwald und unzählige Obstgärten umschließen uns jetzt. Der Lavaboden, die Sonne und das trockene Klima machen aus Pico den Obsthain der Azoren. Im Frühling verwandeln Apfel-, Birnen-, Aprikosen-, Pfirsich-, Pflaumen- und Orangenbäume die unteren Westhänge in ein Blütenmeer. Im Herbst tragen sie süße, saftige Früchte, die am frühen Morgen mit dem ›Früchteboot‹ zum Verkauf auf den Markt in Horta auf Faial gebracht werden.

Wieder wird eine Asphaltstraße überquert. An einer Weggabelung, wählen wir den rechten sich stark windenden, sandigen Fahrweg. Ab hier immer weiter geradeaus orientieren. Rechts von uns erblicken wir den bewaldeten **Cabeço Grande** und **Pequenho** (3.20 Std.). Ein letztes Mal queren wir die EN-3. Der Wald weicht zurück und macht Platz für die berühmten Weingärten Picos. Auffällig sind die Hügel aus aufgeschichteten Lavasteinen. Es sind die *Moroiços*. Loses vulkanisches Gestein verhinderte einst die Bebauung der Felder. So wurden die Steine in emsiger Arbeit Jahr für Jahr zusammengetragen und wurden zu diesen niedrigen Pyramiden aufgehäuft.

Bei einem kleinen weißgestrichenen Wasserreservoir geht der sandige Fahrweg in eine Asphaltstraße über. Kurz danach treffen wir auf die Häuser von Bicadas. An einem Wege-T ein paar Meter nach rechts und dann weiter nach links bergab auf die Kirche von **Madalena** (4 Std.) zulaufen.

Weinberge und Fischerdörfer

Die Ostspitze Picos

Eines der Hauptweinanbaugebiete Picos liegt bei Manhenha im äußersten Osten der Insel. Schwarz ist die Lava, hellgrün die Weinreben und die Stille der Fischerdörfer wird nur gebrochen durch das Donnern des Meeres.

DIE WANDERUNG IN KÜRZE

+
Anspruch

Charakter: Einfache Wanderung über Fahr- und Sandstraßen und Pfade mit einem kleinen Anstieg zum Schluss

3.30 Std.
Gehzeit

Wanderkarte: Ilha do Pico (E), 1:50 000

Einkehrmöglichkeiten: Bar in Manhenha, Calhau, Adegas und Ribeirinha

10 km
Länge

Anfahrt: Hinfahrt **mit dem Bus** von Madalena über

Lajes nach Calheta de Nesquim. Info: Tourismusbüro Madalena, Rua Conselheiro Ferra Pinheiro, 9950 Madalena. Zurück von Ribeirinha **mit dem Taxi,** da der letzte Bus zu früh zurückfährt

Hinweise: Bademöglichkeit in Feteira und im Meerschwimmbecken in Manhenha.

Die Tour startet in **Calheta de Nesquim** vom Dorfplatz Largo do Terreiro Capitão Anselmo Baleeiro neben der barocken Kirche São Sebastião aus dem Jahre 1856. Die Büste eines Walfängers erinnert an vergangene Zeiten. Der unterhalb des Platzes liegende Hafen war 1876 die erste errichtete Walfangstation auf den Azoren. Von hier aus starteten die mutigen Männer zur Jagd auf den cachalote (dt. Zahnwal) und den Pottwal.

Wir folgen der Fahrstraße, die hinter der Kirche herumführt und entlang der Küste moderat ansteigt. Rechts brandet das Meer gegen die Felsen, links verstreuen sich die Häuser von Calheta de Nesquim auf dem Hang. Der erste Abzweig nach rechts ist die Fahrstraße hinab zum malerischen Weindorf **Feteira,** in dem wir die typischen Häuser der Insel entdecken. Die dunklen Mauern wurden aus übereinander gelegten Lavasteinen gebaut. Im Gegensatz zum Schwarz der Mauern stehen die lebendigen, bunten Farben der Türen und der Fenster.

An der Kreuzung beim Ortseingang biegt nach rechts ein sandiger Fahrweg ab. Er verläuft entlang der zerklüfteten Lavaküste mit Blick über Feteira und die schwarzgrün gemusterten Weinberge. Am Hafen – bestehend aus einer ins Wasser laufenden Betonrampe und einer einsamen Dusche, die den Badebereich anzeigt – steigen wir auf der kurzen, steilen Hafenzufahrt wieder nach Feteira hoch. Dort wenden wir uns nach rechts. Bald bleibt das Dorf hinter uns zurück. Die Straße, die etwas weiter in eine Sandstraße übergeht, schlängelt sich im ständi-gen Auf und Ab durch Wald, Mais-felder, Gemüsegärten und natürlich die Weinberge hindurch.

Schachbrettartig überziehen die-se *currais* das Gebiet zwischen Fe-

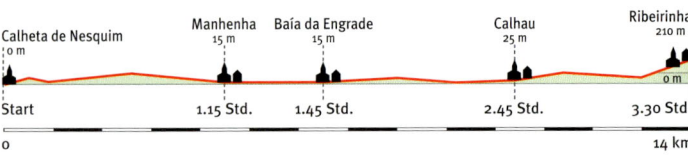

wandern wir zwischen riesigen Lavaschollen zum Leuchtturm auf der Ponta da Ilha. Hinter dem Leuchtturm weist eine Mauerlücke auf die Fortsetzung der Tour. Über eine Treppe gelangen wir hinab zu den wulstartigen Lavaschollen. Dann gehen wir für ein paar Meter auf einer zubetonierten Rohrleitung und verlassen diese bei einer Lavasteinmauer. Genau davor verläuft ein gerölliger Trampelpfad entlang der Steilküste von Bucht zu Bucht. Baía da Carvela, Baía do Céu d'Abraão und Baía da Engrade – gegen schwarz-rote phantastisch geformte Lavafelsen donnern tosende Wellenberge. An einer Weggabelung im hüfthohen Gebüsch halten wir uns links. Schließlich zweigt in der **Baía da Engrade** (1.45 Std.) nach links ein breiter Fußweg ab. Er mündet wenig später in eine Sandstraße bei einigen Häusern, der wir nach rechts sanft ansteigend folgen.

Bei den Häusern von **Areal** endet der niedere Mischwald. Es geht auf der nun asphaltierten Straße weiter, bis rechts ein sandiger Fahrweg abzweigt. An der Steilküste knickt dieser nach links ab und folgt der Küstenlinie. Weit oben vom Berghang schauen die Häuser von Piedades über die Felder auf uns herab. An einer Gabelung steigt ein Weg zu der winzigen Siedlung Cais do Calego am Meer ab. Die Häuschen klammern sich unterhalb der Abbruchkante eng an den Fels. Wir bleiben jedoch oberhalb auf dem Weg. Vor uns sind schon die Häuser des Fischer- und Weindorfes **Calhau** (2.45 Std.) zu sehen. Selbst in früheren Jahrhunderten brachte die Fischerei oder der Weinanbau nicht genug ein, um ausschließlich davon leben zu können. Tagsüber wurde daher auf dem Feld gearbeitet und abends bzw. früh-

teira und Manhenha, eines der Hauptweinanbaugebiete der Insel. Links um den niedrigen Vulkankegel Pico Ruivo herum gelangen wir nach **Manhenha** (1.15), einer weit auseinander gezogenen Ansammlung von Häusern. Kaum zu glauben, dass das etwas trostlos wirkende Dorf zurzeit des Verdelhoweins ein bedeutender Ort mit über 100 *adegas* (dt. Weinkeller) war. Entlang der Küste und am Meerschwimmbecken vorbei

Das Meerschwimmbecken von Manhenha

morgens ging es noch zum Fischfang. Heute ist Calhau nur im Sommer bewohnt, wenn die Insulaner in der Ferienzeit aus den umliegenden größeren Orten und auch von weither aus Amerika in ihre Geburtsstätte zurückkehren.

An der steilen Dorfstraße angelangt, die unten am Hafen endet, steigen wir ein Stück nach links aufwärts. Bei einer Quelle zweigt eine Straße nach rechts ab. Ausgeschildert ist L'auberge Lescale D'Atlantic. An der nächsten Weggabelung rechts halten. Über einen Hügelrücken wandern wir nun durch dichten Lorbeerwald bis zu der Siedlung Adegas (dt. die Weinkeller). Alle abzweigenden Straßen im Ort bleiben unberücksichtigt. Kurz danach erwartet uns der letzte steilere Aufstieg auf der Fahrstraße immer geradeaus hinauf zur Kirche in **Ribeirinha** (3.30 Std.).

Der Verdelho

Der berühmteste Wein Picos ist wohl der Verdelho. Die ersten Verdelho-

Reben brachte der Geistliche Frei Pedro Gigante aus Madeira mit. Als im 18. Jh. verheerende Vulkanausbrüche einen erheblichen Teil des fruchtbaren Ackerlandes auf Pico vernichteten, begann danach der Weinanbau im großen Stil. Die Reben gedeihen bevorzugt auf Lavaboden. Gut geschützt durch die Wärme spendenden Lavasteinmauern reifen die Trauben hier besonders gut. Aus dem Most wird ein weißer, trockener Wein mit 15 bis 17% Alkoholgehalt gewonnen. In Fässern gealtert, eignet er sich ausgezeichnet als Aperitif. In seiner Blütezeit war er in aller Welt geschätzt. Allerdings verblieb der ganze Reichtum auf Faial, wo die Eigentümer der Weinberge den Außenhandel betrieben. Die schwer arbeitende Bevölkerung Picos ging dabei leer aus. Mitte des 19. Jh. zerstörte eine Oidiumplage die Weinberge. Nur langsam erholt sich der Weinanbau davon. Viele Felder liegen immer noch brach. Neue resistente, aus Amerika stammende Arten wurden angepflanzt. Doch die einstige Qualität konnte nicht mehr erreicht werden.

Auf den Spuren der Walfänger

Von Santa Cruz bis Lajes do Pico

Entlang der Südküste Picos wandern wir durch friedvolle Dörfer und Terrassenfelder. Kaum ein anderer Ort wurde so durch den Walfang geprägt wie Lajes do Pico – Symbol für den Wal von einst und heute.

DIE WANDERUNG IN KÜRZE

++
Anspruch

4 Std.
Gehzeit

16 km
Länge

Charakter: Nicht ganz mühelose Wanderung mit einem Anstieg von 460 m auf größtenteils gut angelegten Wegen. Zwei steile Abstiege, die über Fahrwege und einen alten Saumpfad verlaufen

Ausrüstung: Fernglas

Wanderkarte: Ilha do Pico (E), 1:50 000

Einkehrmöglichkeiten: Bar mit Laden und Snackbar in Ribeiras, Restaurants, kleiner Supermarkt und Cafés in Lajes do Pico

Anfahrt: Von Madalena **mit dem Auto** über die EN 1 über Lajes do Pico bis zum Abzweig nach Santa Cruz.

Über eine alte Steinstraße bis zum Parkplatz am Hafen fahren. Die Rückfahrt nach Santa Cruz ist **mit dem Bus** nur werktags zweimal tägl. von Lajes do Pico möglich (Haltestelle gegenüber dem Walmuseum). Info: Tourismusbüro Madalena, Rua Conselheiro Ferra Pinheiro, 9950 Madalena. Zurückkehren von Lajes do Pico Sa., So. und am Feiertag **mit einem Taxi,** die vorm Krankenhaus bereitstehen

Hinweise: Bademöglichkeit in Lajes do Pico bei der alten Walfabrik. Walbeobachtungstouren von Lajes do Pico von *Aqua-Açores* und *Espaço Talassa*

Ausgangspunkt der Tour ist der pittoreske Hafen in **Santa Cruz** mit seinen farbenfrohen Fischerbooten. Der Fischerhafen mit Vergangenheit ist einer der ältesten der Insel Pico. Viele der alten Männer sind erfahrene Seemänner. Es ist noch gar nicht so lange her, als sie mit ihren wendigen Booten auf die gefährliche Jagd nach den Walen ausliefen.

Vor der sehenswerten Kirche in volkstümlicher azoreanischer Bauweise gabelt sich die Dorfstraße. Wir wählen die linke Straße. An einer Weggabelung im bereits anschließenden Straßendorf Ribeiras halten wir uns rechts und wenig später wieder links. Wir wandern entlang des schmalen Küstenstreifens am Fuße des hoch aufragenden spitzen Gipfels Topo. Es ist eine freundliche Landschaft mit kleinen weißen Häuschen, Wein- und Obstgärten. Schließlich wendet sich die Fahrstraße zu dem kleinen Fischerdorf Santa Bárbara hoch. Nachdem wir eine Brücke über den im Sommer ausgetrockneten Ribeira das Velhas und Grutão überquert haben, zweigt der schöne, alte Verbindungsweg zwischen den Fischerdörfern oberhalb der Steilküste nach links ab. Entlang des Friedhofes noch asphaltiert verläuft der grasbewachsene Pfad direkt entlang der Abbruchkante. Er überquert eine alte Steinbrücke der Ribeira das Mancilhas und stößt bei der Kirche von **Santa Bárbara** (40 Min.) wieder auf die Fahrstraße. Diese klettert in zwei

kurzen steilen Absätzen hoch zur Inselhauptstraße EN 1. Eine abzweigende Asphaltstraße bleibt unberücksichtigt.

An der Kreuzung steigen wir weiter geradeaus zur Siedlung Arrife hoch. An einer Abzweigung können wir geradeaus über die sehr steile alte Steinstraße die erste Serpentinenkurve abschneiden. Die letzten Häuser bleiben hinter uns zurück. Hier oben bestimmen terrassierte Weiden und Maisfelder das Landschaftsbild. In bequemen Serpenti-

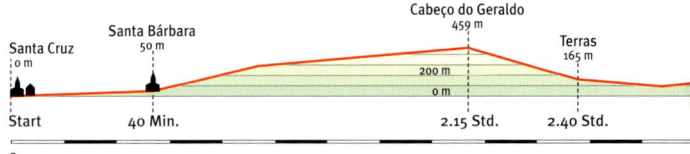

nen gewinnen wir schnell an Höhe. In der letzten weit ausholenden Serpentine ergeben sich herrliche Ausblicke über die spärlich besiedelte Südostküste bis Calheta de Nesquim. Die Maisfelder werden durch kleine Wäldchen aus Baumheiden abgelöst. Immer weiter wandern wir die steile Flanke des Topos bequem hoch, bis die Straße um seinen markanten Grat herumführt. Kurz danach zweigt nach links eine Fahrstraße zum **Cabeço do Geraldo** (2.15 Std.) ab, der wir bis zu den Sende-

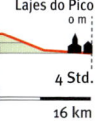

Lajes do Pico

0 m

4 Std.

16 km

masten und dem Aussichtspunkt folgen. Dort werden wir mit einem fantastischen Weitblick über die Südwestküste bis Candelária, auf Lajes do Pico in der Ebene und auf den Vulkan Pico belohnt. Deutlich heben sich die dunklen, dicht bewaldeten Mistérios von São João (siehe Tour 25) und Silveira von ihrer Umgebung ab, die bei Vulkanausbrüchen in den Jahren 1718 und 1720 riesige Flächen Landes verschlangen.

Auf demselben Weg gehen wir bis zum Abzweig der Straße zurück. Dort entdecken wir wenige Schritte weiter linker Hand einen schmalen Fahrweg. Er schlängelt sich in kurzen steilen Stufen zwischen Hortensienhecken und mit Mauern umgrenzten Weiden unterhalb der Bergkuppe Geraldo zur Küste hinab. Immer der asphaltierten Straße folgen. Am Wege-T in der verlassen wirkenden Siedlung **Terras** (2.40 Std.) folgen wir der alten Inselstraße nach rechts zwischen alten Steinhäusern leicht bergab, wobei wir die folgenden, nach rechts abzweigenden Asphaltstraßen unberücksichtigt lassen.

Nahebei verläuft unter unserem Weg die EN 1 über den Landvorsprung Ponta da Queimada, wo sich der alte Walausguck (port. *vigia*) befindet. Mit dem Fernglas lassen sich mit etwas Glück ebenfalls von unserem Weg aus Wale erspähen, meistens sind es jedoch Delfine. Gerade an windigen Tagen springen diese gerne über die Schaumkronen.

Bei der kleinen Häueransammlung Ladeira da Vila zweigt unsere Sandstraße nach rechts ab, auf der wir stetig immer geradeaus aufsteigen. Unten an der Küste erblicken wir bereits Ribeira do Meio, unser nächstes Ziel. Der sandige Fahrweg endet an der Ruine eines alten Steinhäuschens linker Hand des Weges. Eine

145

Santa Cruz und Ribeiras: zwei Fischersiedlungen an der Südküste Picos

vage Spur führt weiter auf die Felder. Wir gelangen jedoch über ein Treppe direkt an dem Steinhäuschen hinunter zum Bachbett der Ribeira da Burra. Über den kleinen Bach helfen ein paar große Steinplatten hinüber, wo wir auf einen alten Steinpfad treffen. Wenige Meter weiter knickt der Hauptpfad nach links ab, dem wir orographisch rechts vom einige Meter tief ausgehöhlten Bachbett bergab folgen. Steilere Abschnitte werden mittels gut ausgelegter Steintreppen überwunden. Auf halber Strecke kreuzen wir einen sandigen Fahrweg. An einer Verzweigung ignorieren wir den Pfad nach links über den Bach und orientieren uns an der Lavasteinmauer rechter Hand. In dem hohen Gras ist der Pfad nach rechts kaum zu erkennen. Schließlich erreichen wir ein breite Steintreppe, die in steilen Kehren nach Ribeira do Meio abfällt. Wir gehen noch einige Meter auf einer Fahrstraße und wenig später stehen wir an der Inselhauptstraße EN 1. Hinter der Brücke über die Ribeira da Burra nach links ist es nicht mehr weit bis zur ehemaligen Walfabrik am Ortseingang von **Lajes do Pico** (4 Std.).

Die Insel der Walfänger

Mitte des 18. Jh. erschienen in den Gewässern des Archipels die ersten Walfangschiffe aus Amerika. Bald kamen sie jedes Jahr in immer größerer Anzahl. Sie verluden die Tranfässer, reparierten die Schiffe, erholten sich auf den Inseln und heuerten Einheimische als Harpuniers und Ruderer an – insbesondere von Pico, Faial, Flores, Graciosa und Corvo. Mitte des 19. Jh. wurden mit aus Amerika eingeführten Booten die ersten eigenen Versuche auf Pico veranstaltet.

Das wichtigste war die *atracação* (dt. die Anlandung an den Wal), um die Harpune abzuschießen. Dies musste geräuschlos und schnell erfolgen. Bis zu 20 000 Wale wurden pro Jahr erlegt. Allerdings brachten dabei die amerikanischen Walfangboote den größten Teil ein, da die Azoreaner nur von Hand jagten. Ende des 19. Jh. konnte Öl aus Petroleum gewonnen werden, statt wie bisher aus Waltran. Der Walfang verlor rapide an Bedeutung und eine gewaltige Auswanderungswelle setzte nach Amerika ein. Von den fünf Walfabriken auf Pico wurde die in Cais do Pico 1983 als letztes geschlossen.

Zwischen Blumen und Felsen

Ins Tal der Ribeira da Fazenda

Das wild-romantische Tal der Ribeira da Fazenda spiegelt die charakteristische Landschaft der Insel Flores wider: alpin anmutende Landschaft gegenüber überwältigender Blumenpracht vor dem Hintergrund des blauen Meeres.

DIE WANDERUNG IN KÜRZE

+ Anspruch	**Charakter:** Einfache Wanderung über Asphalt- und Sandstraßen sowie Pfade. Anstieg im freien Gelände, anschließend viel durch Wald.	**Anfahrt:** Auf der Regionalstraße von Santa Cruz das Flores **mit dem Auto** in Richtung Cedros bis zum Ortsende von Monte fahren
2.15 Std. Gehzeit	**Wanderkarte:** Ilhas das Flores e Corvo, 1:50 000	
8 km Länge	**Einkehrmöglichkeiten:** keine	

Die Wanderung beginnt bei den letzten Häusern von **Monte,** wo die Regionalstraße um den Bergrücken des Picos da Casinha in Richtung Cedros verschwindet. Ein paar Meter zurück auf der Regionalstraße in Richtung Santa Cruz das Flores zweigt nach rechts eine Asphaltstraße hoch ab. Die kleine Siedlung Monte mit ihren gepflegten Vorgärten breitet sich hier am Hang aus, fast schon ein Vorort von Santa Cruz. Je höher wir kommen, desto besser wird die Aussicht über den kleinen Landvorsprung, auf dem der Flugplatz und der Hauptort der Insel einen bescheidenen Platz gefunden haben. Dahinter erstreckt sich die unendliche Weite des tiefblauen Meeres.

Nach der dritten Kurve verlassen wir die jetzt schnurgerade Straße, die hinüber zum Hausberg von Santa Cruz, dem Monte das Cruzes mit den Sendemasten, führt. Eine Asphaltstraße steigt hier zwischen den Häusern nach rechts weiter moderat den Bergrücken des Picos da Casin-

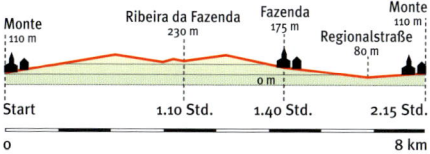

ha hinauf. Wir bleiben auf dem breiten Hauptweg, der etwas später in eine weniger steile Sandstraße übergeht und missachten alle Abzweigungen. Nach rechts öffnet sich die Aussicht auf die markante Vulkaninsel Corvo am Horizont, deren Krater sich häufig in einem weißen Wolkenkranz versteckt.

Hier oben bestimmen mit Flechten bewachsene schwarze Lavasteinmauern und saftig grüne mit Hortensien umgrenzte Viehweiden das Bild. Wie ein Spinnennetz überdecken diese cerrados die Hänge. Die während der Blütezeit beeindruckenden blauen Hecken sind nicht nur eine wahre Augenweide, sondern sie verhindern die Bodenerosion an den steilen Hängen und schützen Ernte oder Vieh vor Wind und Wetter. Mit dem ländlichen Leben, den Pflanzen und den Jahreszeiten verbunden, sind auch die vielseitigen Handwerksarbeiten der

Azoreaner. Speziell auf Flores entwickelte sich die jahrhundertealte Fertigkeit, aus den Stengeln der Hortensien kunstvolle Skulpturen zu schaffen.

Nachdem die Sandstraße sich an zwei kleinen Kuppen auf dem schmalen Rücken vorbeigeschlängelt hat, schwenkt sie nach rechts, geht in eine schmalere Betonstraße über und beginnt in bequemen Etappen in das Tal der Ribeira da Fazenda abzusteigen. Sie verläuft auf der orographisch rechten Talseite.

Zu den Hortensien gesellen sich an feuchten Bachgräben der unvermeidliche wilde Ingwer und die Schlangenwurz. Die elegante weiße Orchidee ist auch unter ihrem lateinischen Namen Calla bekannt. Die liebliche Blumenpracht steht im starken Kontrast zu den bizarren, auf den Gipfeln kleiner Kegel aufsitzenden Felsnadeln und den hoch aufragenden Bergen. Besonders einer beherrscht die Landschaft, der 721 m hohe Pico da Sé. Sé bedeutet Kathedrale. Er trennt das Tal der Ribeira da Fazenda von dem der Ribeira da Badanela, die weiter unten wieder zusammentreffen. Die tief von den beiden Bächen eingeschnittenen Täler sind in der Talsohle dicht bewaldet.

Kurz hinter einer Abzweigung nach links geht die Betonstraße in einem alten Saumpfad über. Dieser knickt wenig später nach rechts ab und quert am Anfang des Lorbeerwaldes einen Seitenarm der Ribeira da Fazenda. Hier bieten sich Felsen für eine Rast an. Wasserbecken laden zum Erfrischen der Füße ein und die Bäume spenden an heißen Tagen angenehmen Schatten. Auf der anderen Seite geht es kurz steil auf einen lang gezogenen schmalen Hügelrücken hoch, der sich zwischen den beiden Bächen auf dem Talboden erstreckt. Auf der breiten Sandstraße ein paar Meter nach rechts, setzt sich der alte Steinpfad nach links den Hügelrücken wieder hinab fort. Er mündet kurz vor der Brücke über die **Ribeira da Fazenda** (1.10 Std.) in eine Asphaltstraße.

Hinter der Brücke wandern wir auf einem breiten, sandigen Fahrweg geradeaus aus dem engen Bacheinschnitt. Den alten Steinpfad ins Tal der Badanela und ein Feldweg zu einem Viehstall rechts liegen lassen. Durch ein Drahtgatter hindurch (wieder verschließen) ist es nur mehr eine Spur im Gras, die auf einem ausgedehnten Weidegelände mit knorrigen alten Wacholderbäumen auf ein altes, verlassenes Gehöft leicht bergauf zuläuft. Eingebettet zwischen Hortensien genießen wir von dort eine herrliche Aussicht über den kesselartigen Talschluss auf die hohen Berge ringsum. Am Talausgang heben sich die weißen Häuser und vor allem die Kirche von Fazenda de Santa Cruz von ihrer grünen Umgebung mit dem Blau des Meeres als Hintergrund ab.

Auf demselben Weg bis zur Brücke zurück und dann auf der Asphaltstraße orographisch rechts des Ribeira da Fazenda leicht bergab das Tal hinuntergehen. Beim Ortseingang von **Fazenda** (1.40 Std.) zweigt nach links eine Zufahrt zum Parque Florestal ab. Der hübsch angelegte kleine Park mit Rehen und Federvieh liegt unweit eines Staubeckens. Es wurde 1967 für das erste Wasserkraftwerk der Insel errichtet, um die regelmäßige Wasserzufuhr zu gewährleisten – davor gab es auf Flores keinen Strom. Kurz danach treten wir aus dem Wald heraus und schlendern an mehreren Quellen gemütlich vorbei und weiter durch das lange Dorf hindurch, dass auf beiden Seiten von den Armen des Ribeira da Fazenda umfasst wird.

Am anderen Ortsende stehen wir hinter der erhöht liegenden Igreja Nossa Senhora de Lurdes an der **Regionalstraße** (2 Std.) zwischen Cedros und Santa Cruz. Prächtige weiße und rosafarbene Azaleenbüsche schmücken den Hügel, auf dem die Kirche steht. Hier wenden wir uns nach rechts und queren den Seitenarm der Ribeira da Fazenda über eine Brücke. Dort stürzt der Bach über eine mehrere Meter hohe Fallstufe über die skurril geformten Basaltfelsen. Wir folgen der kurvigen Küstenstraße um die schroffe Felswand des Rückens Pico da Cashina herum bis nach **Monte** (2.15 Std.).

Geheimnisvolle Kraterseen

Auf dem Caminho do Bugio zu den Lagoas

Ein abenteuerlicher, uralter Inselweg führt zu den zauberhaften Lagoas Rasa und Funda im Süden von Flores. Die Kraterseen gleichen in Grün gefassten blauen Edelsteinen umgeben von rauen Bergen.

DIE WANDERUNG IN KÜRZE		
+++ Anspruch	**Charakter:** Kurze Wanderung, aber mit anspruchsvollem Aufstieg zu den Lagoas über einen völlig verwilderten alten Inselweg, Rückweg über leichte Sand- und Asphaltstraßen	**Anfahrt:** Mit dem Auto auf der Regionalstraße durch das Inselinnere in Richtung Fajã Grande und weiter bis zum Abzweig nach Costa
2 Std. Gehzeit		**Hinweise:** Nach starken Regenfällen ist der Caminho do Bugio nicht begehbar.
	Wanderkarte: Ilhas das Flores e Corvo, 1:50000	
7 km Länge	**Einkehrmöglichkeiten:** Keine	

Der Ausgangspunkt befindet sich an der **Regionalstraße** im Süden von Flores, wo in einer Kurve die Straße hinab nach Costa (offiziell: Costa do Lajedo) abbiegt. Gegenüber der Abzweigung weist eine Öffnung in den Hortensienhecken auf den Anfang des alten Inselweges hin, den Caminho do Bugio. Ein paar Schritte nach links in Richtung Lajedo steht ein blauweißer Markstein (N 7/23) an der Straße. Zunächst führt der noch breite grasbewachsene Weg

malerisch zwischen gewaltigen Hortensienhecken hindurch. Doch bald hinter einem scharfen Knick nach links verengt er sich zusehends und verschwindet zwischen hohen mit Moos und Farnen bewachsen Erdwänden. Der Caminho do Bugio wird nicht mehr oft begangen.

Je höher wir kommen, desto schwieriger gestaltet sich das Durchkommen auf dem steilen, vom feuchten Moos rutschigen Steinweg und dem üppig wuchernden wilden

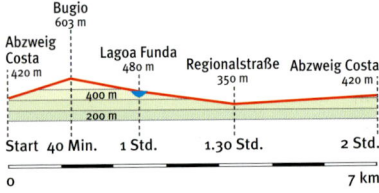

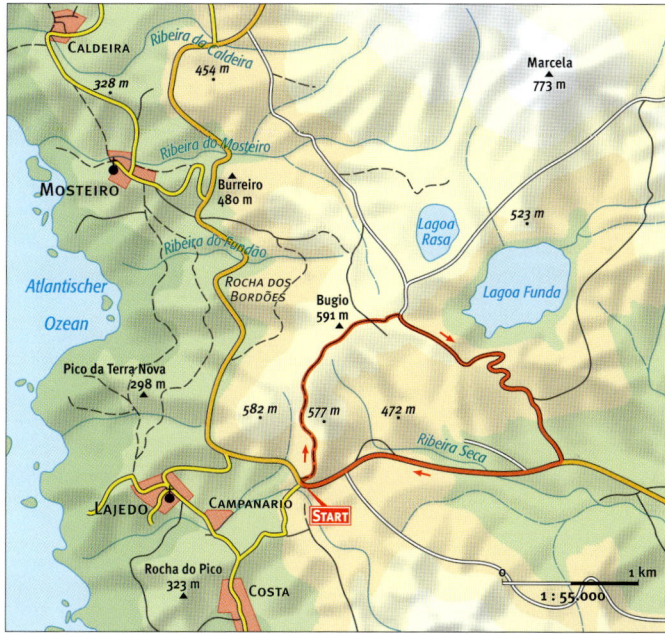

Ingwer. Vorsicht ist geboten, denn an einigen Stellen ist er unter der grünen Blätterdecke bereits eingebrochen. Nach starken Regenfällen verwandelt sich der ›Canyon en miniature‹ in eine unbegehbare Klamm.

Auf halber Strecke öffnet sich der Tunnel für ein kurzes Stück. Wir blicken nach links über Weiden aufs Meer und die Rocha do Pico, einen imposanten Vulkankegel zwischen Lajedo und Costa do Lajedo im Südwesten der Insel. Auf einem Sattel zwischen zwei niedrigen Kuppen lassen wir einen Pfad zwischen Hortensienhecken rechts liegen und wenden uns links bergan wieder einem tiefen Erdgraben zu. Auf dem Hochplateau **Bugio** (40 Min.) mündet dieser in einen arg zerfurchten Karrenweg, der bei Regen sehr schlammig wird. Während des bequemen Abstiegs ergibt sich rechts eine schöne Aussicht in das Hochtal des Ribeira Seca und links über die schroff abfallende Westküste nach Mosteiros hinunter.

Plötzlich liegen die beiden Kraterseen vor uns. Bei einem Wegekreuz haben wir von einer kleinen Anhöhe einen atemberaubenden Blick auf die kleinere, runde Lagoa Rasa und rechts daneben auf die 200 m tiefer liegende Lagoa Funda. Hinter den tiefblauen Kraterseen ragt am Horizont der Bergkamm Pedrinha im Osten und Marcela im Westen auf. Blaue Bänder aus Hortensienhecken schmücken die saftig grünen Berghänge. Nach rechts schlängelt sich der Karrenweg zum Caminho Florestal dos Rochões hinunter, eine Sandstraße durch das Inselinnere. Wir stoßen auf diese unweit der Lagoas und wenden uns nach rechts. Ent-

Der Camino do Bugio

lang des südlichen Kraterrandes bieten sich immer wieder grandiose Blicke in die **Lagoa Funda** (dt. tiefer See; 1 Std.). Sie wird auch ›Lagoa Verde‹ (dt. grüner See) genannt. Mit kleinen Sandufern und umgeben von üppigem Pflanzenwuchs wird sie als die schönste der sieben Lagoas von Flores betrachtet. In ihr kann auch gefischt werden. Vor allem Karpfen tummeln sich hier. Ideale Bedingungen für hunderte Seevögel, die in den steilen Kraterwänden nisten. Schließlich bleiben die Lagoas hinter uns zurück. Wir wandern nun auf Asphalt in Serpentinen ins Tal des Ribeira Seca bequem bergab. Auf der **Regionalstraße** (1.30 Std.) wenden wir uns nach rechts und erreichen leicht bergauf durch eine Allee von Japanischen Sicheltannen wieder den **Abzweig nach Costa** (2 Std.).

Wo die Wasserfälle rauschen

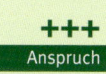

Von Lajedo entlang der Westküste nach Ponta Delgada

Eine der schönsten Wanderungen der Azoren auf alten Inselwegen entlang der steilen Westküste von Flores bietet ein grandioses Naturerlebnis: bizarre Felsen, kristallklare Wasserfälle und herrliche Aussichten.

DIE WANDERUNG IN KÜRZE

+++
Anspruch

7 Std.
Gehzeit

23 km
Länge

Charakter: Lange Wanderung im leichtem Auf und Ab auf alten Inselwegen, Asphaltstraßen und weglos, unproblematisch bei gutem Wetter. Größerer, An-/Abstieg Fajã Grande und der Ribeira Grande. Bei schlechtem Wetter streckenweise sehr schwierig oder sogar unpassierbar

Markierung: Teilweise rote Punktmarkierungen, weiße Pfeile oder Holzpfähle mit rotem Kopf

Wanderkarte: Ilhas das Flores e Corvo, 1:50 000

Einkehrmöglichkeiten: Laden in Mosteiro bei der Kirche, zwei Läden mit Bar am Dorfplatz in Fajãzinha,

mehrere Läden und Bars in Fajã Grande, Restaurant Balneário da Fajã Grande am Hafen (Nov.–Mai nur am Wochenende geöffnet). Kleiner Supermarkt in Ponta Delgada bei der Kirche. Hier kann man gegen ein kleines Entgelt ein Taxi rufen lassen.

Anfahrt: Von Santa Cruz **mit dem Taxi** nach Lajedo und zurück von Ponta Delgada

Hinweise: Bademöglichkeiten in Fajã Grande und am Fluß Ribeira do Moinho. Nach starken Regenfällen muss man aufgrund unpassierbarer Flüsse ggf. Umwege in Kauf nehmen.

Ausgangspunkt ist die Kirche in **Lajedo.** Wir gehen rechts an ihr vorbei und wählen die Straße geradeaus leicht bergauf. Bei der nächsten Gabelung halten wir uns links. Wenn kurz danach die Straße abflacht und um einen Berghang nach rechts verschwindet, können wir noch einen letzten Blick auf Lajedo werfen. Das Dorf liegt eingebettet in ein grünes Tal hoch über dem Meer zwischen markanten Felsen und Bergkämmen. Es ist eine der weit abgelegenen Gemeinden Flores. Heute leben dort mit dem Nachbardorf Costa zusammen nur noch knapp 130 Menschen. Sie sind auch die beiden letzten Siedlungen der Insel, die an die elektrische Stromversorgung angeschlossen wurden. Bis 1978 mussten sich die Dörfler noch mit einfachen Walfischöllampen behelfen.

153

34

Tour

Auf der Strecke bis Mosteiro alle Abzweigungen nach links zur Küste hinunter nicht beachten. Bald gelangen wir zum Beginn des alten Inselweges (Informationstafel): Der alte, mit Steinen gepflasterte Weg ist größtenteils schon dick mit Gras überwachsen. Leicht auf- und absteigend, wenn er erneut einen der zahlreichen Bäche und Rinnsale kreuzt, führt er an den steilen Bergflanken zwischen terrassierten mit Hortensien eingefassten Feldern – den cerrados – hindurch.

Flores (Blumeninsel) macht ihrem Namen alle Ehre. Neben üppigen Hortensienhecken säumen etliche andere farbenprächtige Pflanzen den Weg wie z.B. die feuerrote Montbretie, die Schmucklilie mit ihren großen bläulichen Blütenkugeln, das gelborange gesprenkelte indische Blumenrohr oder der leuchtend gelbe wilde Ingwer. Unterwegs ergeben sich immer wieder schöne Ausblicke zwischen der Baumheide hindurch über die zerklüftete Küste. Davor trotzen zahlreiche kleine Inselchen – die Ilhéus – den Meeregewalten, die mit ihren skurrilen Formen inmitten der blauen See ein malerisches Bild bieten.

Auf der anderen Seite an den steilen Bergflanken faszinieren die Basalt- und Lavafelsen, meistens freigelegte Förderschlote alter Vulkane. Von Wind und Regen gestaltet, nahmen sie fantastische und eindrucksvolle Formen an. Sobald wir über einen niederen Sattel um den Pico da

Terra Nova herumwandern, beherrscht die Rocha dos Bordões die Szenerie. Die imposante Felsformation, deren Basaltsäulen riesigen Orgelpfeifen gleichen, ist eines der bedeutendsten Wahrzeichen Flores. Die Ausrichtung der Säulen – sie entstehen immer senkrecht zur Fließrichtung des Magmas – zeigt, dass es sich hier nicht um die Füllung eines ehemaligen Vulkanschlotes handelt (waagerecht aufeinander gestapelte Säulen), sondern um flüssiges Gestein, das über den Boden ausgeflossen ist.

Einmal die Rocha dos Bordões hinter uns gelassen, queren wir den kleinen Bach Ribeira do Fundão von Stein zu Stein und steigen bequem nach **Mosteiro** (1.15 Std.) auf. Der Name (dt. Kloster) soll zufolge Pater Caetano Tomás von dem für den Straßenbau abgetragenen Felskopf Cabeço do Sinal herrühren, der ehemals von weitem mit seinen Spitzen einem gotischen Kloster glich. Auf der Dorfstraße gehen wir nach links durch den Ort runter und an der Kirche vorbei. Am anderen Ortsende biegt die Straße nach rechts, während wir geradeaus auf einer schmalen Betonstraße weiter bequem absteigen, die bald in den alten Inselweg übergeht. Auch weiterhin ignorieren wir alle Abzweigungen nach links. Hinter der Brücke über die Ribeira do Mosteiro setzt sich der alte Inselweg bis zur neu angelegten Fahrstraße Mosteiro–Fajãzinha fort.

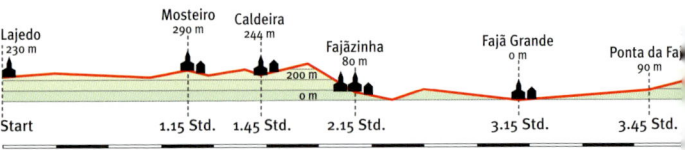

Tour 34

Zurück ergibt sich dort noch einmal ein wunderschöner Weitblick über die gesamte Küstenlinie bis zu den Bergen bei Lajedo. Wir wenden uns auf der Fahrstraße nach links und sehen einige Minuten später vor uns im Tal der Ribeira da Caldeira die seit Juni 1992 verlassene Siedlung **Caldeira** (1.45 Std.). Unten in der Senke gelangen wir hinter der Brücke über den Bach an eine Kreuzung. Von rechts mündet ein Feldweg in die Straße, die in einem weiten Bogen Caldeira umrundet. Wir kürzen nach links durch das Geisterdorf ab, dessen Stille nur durch das Gezwitscher der Vögel unterbrochen wird. Am Wegekreuz bei einem Wasserhahn (Trinkwasser) führt uns ein Grasweg nach rechts in einem Bogen wieder aus dem Ort heraus und steil zur Straße hoch.

Unterhalb des Sendemastes auf der Kuppe Cruzeiro da Fajãzinha – sie erhielt ihren Namen von dem Kreuz (port. *cruz*) auf dem höchsten Punkt – zweigt nach links von der Straße ein Trampelpfad in das dichte Gebüsch ab. Ein kleines Holzschild zeigt hier den Anfang des Weges nach Fajãzinha an. Bei einem kleinen, weißen Häuschen, das als Wasserreservoir dient, geradeaus auf dem nun breiteren Steinweg weitergehen. Wenn dieser abrupt nach rechts abknickt, beginnt der Abstieg vom Kreuzhügel nach Fajãzinha, der auch als Ladeiro do Portal bezeichnet wird. Er bietet eines der schönsten Panoramen der Azoren: die blauen Wogen des Meeres mit glitzernd weißen Schaumkronen und den idyllischen Ortschaften Fajã Grande und Fajãzinha im Westen und im Osten das bezaubernd grüne, dicht bewaldete Tal mit seinen zahlreichen Wasserfällen, die sich über die bis zu 400 m hohe Felswand am kesselartigen Talschluss in die Tiefe stürzen.

Über mehrere Kehren erreichen wir am Fuße des Steilhangs die ersten Häuser **Fajãzinhas** (2.15 Std.). An der weithin sichtbaren Kirche Nossa Senhora dos Remédios vorbei – wegen ihrer Größe und ihres Reichtums eine der wundervollsten der Insel – gelangen wir zum Rossio, dem dreieckigen Dorfplatz. Gegenüber an seiner spitzen Seite die Fahrstraße nach links vor dem Laden mit Café in Richtung Küste nehmen. Sie endet vor zwei kleinen Steingebäuden, den Wassermühlen Moinhos do Cabeço do Outeiro. Wir schlagen den Pfad orographisch rechts vom Bach ein, der zwischen Weiden und Lavasteinmauern hindurch bequem bergab zu einer roten Sandstraße führt.

Auf dieser ein kurzes Stück nach links gehen. Wenn sie hinter einem Erdwall nach links zum Meer abbiegt, leicht rechts halten und auf einem sumpfigen Pfad durch ein Schilfwäldchen weiterlaufen. Oberhalb der im Jahr 1964 durch verheerende Unwetter zerstörten alten Brücke kommen wir zur Furt über die Ribeira Grande. Nach starken Re-

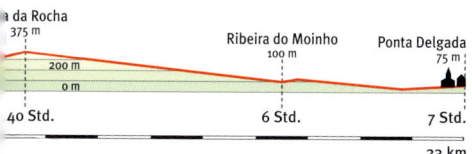

genfällen verwandelt sich der so ruhige Bach in kürzester Zeit in einen unpassierbaren, wild tobenden Fluss. Auf der anderen Seite führt bei einem Elektrizitätspfosten ein zunächst kaum erkennbarer Pfad über den Hügelrücken. Nach rechts zweigen verschiedene Nebenpfade ab, die aber nur zu den Weiden unter dem Plateau von Cuada führen.

Das Gebiet unter der Felswand ist sehr fruchtbar mit unzähligen Bächlein, ideal für Gemüse- und Obstgärten. Heute werden Pfirsiche, Äpfel, Birnen, Feigen, Orangen und Weintrauben nur noch für den Eigenverbrauch geerntet. Vom höchsten Punkt bei einer Quelle genießen wir einen letzten herrlichen Ausblick über das Tal bei Fajãzinha. Vor dem ersten Haus des alten Fischerdorfes **Fajã Grande** (3.15 Std.) treffen wir auf die gepflasterte Hauptstraße. Wir wandern auf ihr nach links in einer Viertelstunde weiter leicht bergab zum Hafen. Die üppigen Zeiten des Handels mit den amerikanischen Walfangbooten im 19. Jh. sind längst vorbei.

Heute ankern in der wunderschönen Bucht nur Touristen mit ihren Segeljachten. Er ist der beste Platz im Sommer für grandiose Sonnenuntergänge, die fantastische Regenbogen über die Wasserfälle an der Steilwand zaubern. Unterhalb des Picknickplatzes vom Restaurant Balneário da Fajã Grande verläuft ein Fußweg entlang des Strandes bis zur Fahrstraße nach Ponta da Fajã. Wenige Meter auf ihr nach links, lohnt sich nach rechts hoch ein Abstecher zum Poço do Bacalhau (dt. Stockfischteich) am Fuße der nahen Steilwand. Ein Pfad führt orographisch rechts von der Ribeira an das Casas an mehreren Wassermühlen vorbei zu dem paradiesisch mit Blumen ge-

schmückten Teich. Diese ›Riesenbadewanne‹ lädt zu einem kühlen Bad ein. Über ihr hat sich der Bach eine enge Kluft im Felsen gegraben mit einem mächtigen Wasserfall, dessen Wasser bei starken Winden manchmal sogar wieder zurückgedrängt werden.

Zurück auf der Fahrstraße auf dem schmalen kultivierten Küstenstreifen wandern wir gemütlich zum hübschen, leicht erhöht liegenden Weiler **Ponta da Fajã** (3.45 Std.) mit seiner beherrschenden Kirche. Am anderen Ortsende ist rechts oben am schroffen Felshang noch eine kahle Stelle zu erkennen. Ein Teil der Felswand donnerte von dort am 19. Dezember 1987 zu Tale. Der gewaltige Erdrutsch verschonte zwar das Dorf, aber weitere Abstürze waren zu befürchten. Daher wurden die Bewohner zwangsevakuiert. Trotz Verbot kehren gerade im Sommer viele zum Bestellen der Felder nach Ponta zurück.

Hinter dem letzten Haus linker Hand gabelt sich der Weg. Auf dem Feldweg nach links gelangen wir zu einem kanalisierten Rinnsal. Orographisch links davon geht es auf einem Pfad weiter, bis der Wasserlauf nach links zur Küste abbiegt. Nach rechts beginnt der lang gezogene Aufstieg auf dem alten Inselweg die bewaldete Steilwand hoch. Mehrere Ausbuchtungen ermöglichen einen traumhaften Rückblick auf Fajã Grande, das sich im Meer hinter der Steilküste hervorschiebt. Sie erscheinen wie David und Goliath. Die vielen kleinen Wasserläufe, die von den Felsen über den Weg fließen, können bei heftigem Regen zu einem Problem werden. Der etwas glitschige Boden erfordert dann Trittsicherheit. Bei einer Weggabelung rechts halten und das letzte

Stück in angenehmen Kehren bewältigen.

Im Meer vorgelagert liegt dort die Ilhéu de Monchique. Der letzte europäischen Felsen, bevor man nach Amerika kommt. Der westlichste Punkt Europas diente in der Zeit, als die Schifffahrt sich nach den Sternen richtete, als wichtiger Bezugspunkt. Mittels ihm wurde der Kurs der Schiffe und ihre Navigationsinstrumente überprüft. Schließlich erreichen wir ein Holztürchen (wieder verschließen), welches den Eintritt zu den Weiden des Hochplateaus **Fora da Rocha** (4.40 Std.) gewährt. Eine atemberaubende Fernsicht hinweg über zahllose Hortensienhecken erwartet uns hier: die mächtigen Kliffe der Nordwestküste mit der Ilhéu da Gadelha, die weit vorragende Ponta do Albarnaz mit dem Leuchtturm und am Horizont die Insel Corvo.

Ab hier alle Abzweigungen nach rechts ignorieren. Ein Trampelpfad leitet uns zwischen üppigen Hortensienhecken zum oft ausgetrockneten kleinen Bach Grota da Ladeira do Queiró und queren ihn. Ein Fußweg, zwischen Steinmauern und Hortensien eingebettet, leitet uns über eine kleine Anhöhe zum idyllischen, blumenreichen Rinnsal Ribeira de Monte Gordo. Der zunächst noch deutliche Trampelpfad verliert sich bald hier oben auf den Weiden. Wir orientieren uns auf den pfadlosen Passagen stets geradeaus, queren mehrere Mauerdurchlässe und erreichen den nächsten Bach. Dahinter weist ein weiterer Mauerdurchlass auf eine beeindruckende Hortensienallee. Anschließend hilft uns ein Trampelpfad ein Stück vorwärts.

Auf unserer auf- und absteigenden Route überqueren wir mehrere Bäche und steigen durch etliche Mauerdurchlässe. Offene Abschnitte – gelegentlich mit riesigen Felsblöcken übersät – wechseln sich mit dicht mit Wacholder und Baumheiden bewachsen Flecken ab. Rechts von uns ziehen sich sanft gewellte Kuhweiden, im Juli bedeckt mit Millionen von gelben Blümchen, zum Morro Alto hoch, dem höchsten Berg Flores. Links stürzen sich die oft nur bei Regen wasserführenden Bäche spektakulär über die nahe Steilkante. Vorsicht bei Nebel!

Wenn der alte Verbindungsweg wieder breiter wird, beginnt der moderate Abstieg vom Hochplateau durch einen alten, an heißen Tagen angenehm schattigen Hohlweg. Teils betoniert, teils gepflastert kann er bei Nässe etwas schwierig begehbar sein. Es lohnt ein kurzer Abstecher zu einem romantischen Wasserbecken unter einem kleinen Wasserfall am letzten Bach, bevor wir wenig später eine Betonstraße erreichen. Oben vom Morro Alto kommend führt sie uns weiter bergab auf den Leuchtturm auf der Ponta do Albarnaz zu. Etliche Schiffe sanken in den unruhigen Gewässern vor der Küste Flores. Von Karavellen und Galeonen aus Amerika und Brasilien – verfolgt von Piraten im 16. bis zum 18. Jh. – bis zu den portugiesischen Walfangbooten und den Warenfrachtern unseres Jahrhunderts mag noch so mancher Schatz in der Tiefe verborgen liegen. Viele Gegenstände, die das Meer an Land gespült hat, fanden ihren Weg in die Häuser von Flores. Manchmal muten sie wie Meeresfriedhöfe an, wo alles – vom Holz bis zu Tellern und Schmuck – von gesunkenen Schiffen stammt.

Die zweite Abzweigung nach rechts auf einem breiten, gepflasterten alten Steinweg bringt uns vom Bergrücken ins schluchtartige Tal der **Ribeira do Moinho** (dt. Mühl-

34

Tour

Die eindrucksvolle Kirche in Fajāzinha samt umliegender Häuser

bach; 6 Std.) hinab. In dem sich wie eine silberne Schlange windenden Fluss tummeln sich Forellen. Eine Reihe von Ruinen alter Wassermühlen finden sich hier. Mehrere große und tiefe Wasserbecken lassen die Mühen der Wanderung vergessen.

Eine schmale Fußgängerbrücke überspannt den Fluss. Ein Pfad führt uns auf der anderen Seite in wenigen Minuten über einen niederen Bergrücken der Pedra Alta aus dem Tal heraus und bei einem Viehunterstand zur Fahrstraße zum Leuchtturm. Wir wandern auf der kurvigen Straße nach rechts und erreichen schließlich die ersten Häuser Ponta Delgadas, das sich rechter Hand über die steilen Flanken der Berge Pedra Alta und Outeiros verstreut. Kurz geradeaus und dann rechts steil zum ›Ortszentrum‹ **Ponta Delgadas** (7 Std.) mit Kirche und Supermarkt hochsteigen.

Moinhos do Cabeço do Outeiro

Die untere der für Flores so typischen, alten Wassermühlen ist noch immer in Betrieb. Gemahlen wird wie eh und je. Ein Wasserrad betreibt zwei aufeinander liegende Mühlsteine, zwischen welchen die Maiskörner aus einem Trichter (port. *chapéu* = Hut) herausfallen und gemahlen werden. Ein Stück Holz (port. *tramela*), das am Holzbehälter (port. *moega*) unterhalb des Trichters befestigt ist, bewirkt die gleichmäßige Körnerzufuhr, indem es durch leichtes Aufschlagen unten auf der Steinplatte alles in Vibrationen versetzt. Wie der Lebenslauf auf der Insel – so tröpfelt es langsam vor sich hin. Das Mehl wird in eine Holzkiste (port. *tremonhado*) am Fuß der Mahlsteine geleitet, wo ein hölzerner Schöpfer bereitliegt, um es in die Säcke abzufüllen.

Tour 35

Hoch zum Caldeirão

Von Vila Nova hinauf zum Krater Caldeirão

Die kleinste Azoreninsel Corvo besteht aus einem 718 m hohen Vulkankegel, der im Norden und Westen bis zu 500 m steil ins Meer abfällt und mit dem wunderschönen Krater Caldeirão überrascht

DIE WANDERUNG IN KÜRZE		
++ Anspruch	**Charakter:** Bequeme Ersteigung des Kraters Caldeirão über Asphalt- und Sandstraßen und alte Pfade. Schwieriger Abstecher in den Krater möglich	Hafen, eine Snackbar in der Rua da Matriz bei der Kirche. Außerdem zwei Bars und mehrere kleine Läden, die von außen nicht erkennbar sind. Einfach mal trauen, einen Türvorhang beiseite zu schieben.
4.30 Std. Gehzeit	**Wanderkarte:** Ilhas das Flores e Corvo, 1:50 000	
10 km Länge	**Einkehrmöglichkeiten:** Nur in Vila Nova: das Restaurant Traineira am	**Anfahrt:** Die Tour beginnt im Zentrum der Inselhauptstadt an der Hauptkreuzung bei der Post.

Von der Hauptkreuzung bei der Post in **Vila Nova do Corvo** schraubt sich die Inselstraße in Richtung Caldeirão in mehreren Serpentinen aus Aussichtspunkt gegenüber einem strahlend weißen Brunnenhäuschen oberhalb des Ortes hinauf. Vom **Miradouro do Fígio Portão** (20 Min.) aus lässt sich der gesamte flache Landvorsprung übersehen, der den Bewohnern von Corvo einen beschränkten Lebensraum bietet.

Vorne an der Küste erstreckt sich über die ganze Breite die gerade mal 1 km lange Landepiste des Flughafens. Sie endet nach einem spannenden Anflug zur Freude der Fluggäste am Friedhof. Nahebei finden sich eine Reihe von kleinen Windmühlen im maurischen Stil. Auf ihren schweren steinernen Kegelstümpfen sitzen dreieckige Segelflügel. Im Inneren dreht ein Mechanismus die flache Kuppel, sodass die Segel immer im Wind stehen. Der größte Teil des Küstenstreifens wird von Mais- und Weizenfeldern eingenommen, die sich wie ein bunter Flickentep-

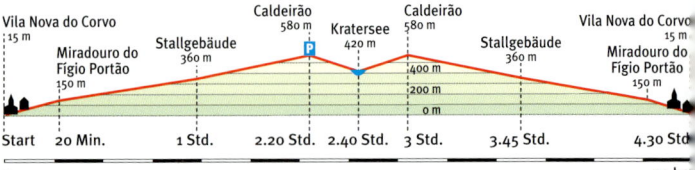

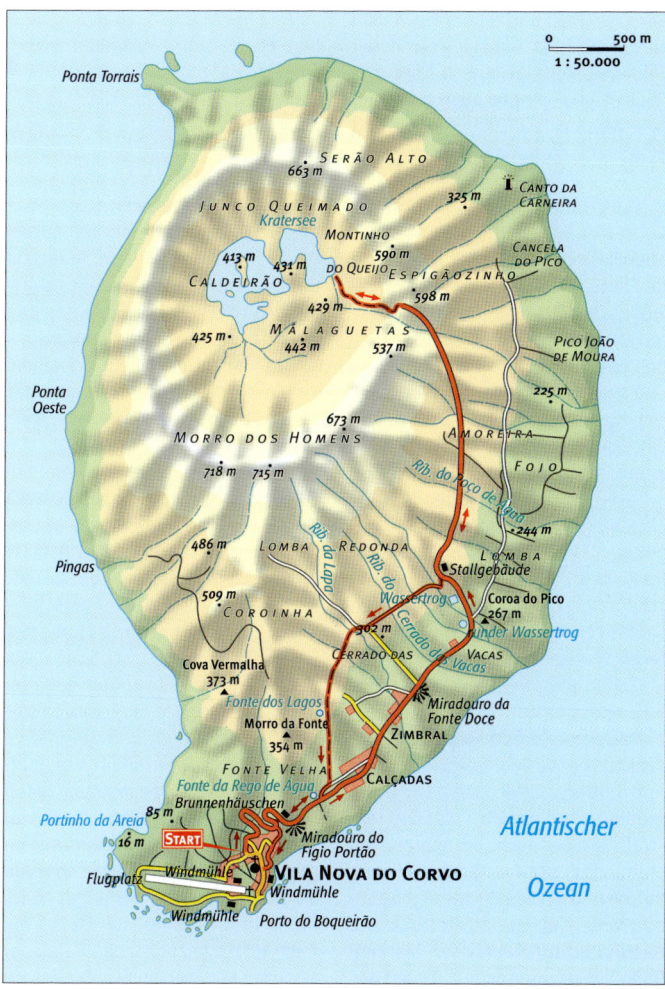

pich ausbreiten. Zu unseren Füßen schweift der Blick über die rotbraunen Dächer von Vila Nova, die sich dicht aneinander an den steilen Berghang drängen, als ob sie vor einem nahenden Sturm Schutz suchen würden.

Seit dem 21. Juni 1832 als Gemeinde anerkannt, ist sie mit etwas mehr als 300 Seelen sehr stolz darauf, die kleinste Kreisstadt Portugals zu sein. Am Horizont erhebt sich die schroffe Blumeninsel Flores aus dem blauen Ozean. Ein paar Meter hinter dem Miradouro knickt die Straße um eine Felsnase herum nach links abrupt ab und erreicht kurz danach die ersten Gebäude von Calçadas. Es besteht aus zahlreichen, oft schon verfallenen Steinhäuschen zum Lagern von Heu und einem Gewirr an winzigen von Mauern eingegrenzten Feldern. Die Straße wird nun spürbar flacher und windet sich zwischen den Weiden, auf denen Kühe und Pferde grasen, am Hang entlang weiter.

Völlig verblüffend für den Wanderer taucht mitten in der Einöde hier oben links der Straße der Miradouro da Fonte Doce auf. Ein etwas ungewöhnlicher Ort für eine Bar mit bunten Lampengirlanden und der runden Tanzfläche, die stark einem Boxring ähnelt. Doch allabendlich findet sich hier im Sommer die Dorfjugend ein. Schließlich biegt die Straße um einen großen runden Wassertrog scharf nach links. Geradeaus führt eine breite rote Sandstraße zu abgelegen Feldern im Nordosten der Insel. Wir folgen jedoch der Ausschilderung Caldeirão nach links den sanften Hang hoch. Bei einem weiteren Wassertrog links der Straße gelangen wir erneut an eine Weggabelung.

Nach links ergibt sich eine Möglichkeit, bei schlechtem Wetter hier umzudrehen. Wir steigen ohne große Anstrengung auf der Asphaltstraße weiter hoch, um ein einsam stehendes **Stallgebäude** (1 Std.) herum und dann über zahlreiche Lavaströme, meist ausgetrocknete Bäche und offene Wiesen bis zum Parkplatz am nordöstlichen Grat des Kraters **Caldeirão** (2.20 Std.). Im Süden markiert der Morro dos Homens mit 718 m den höchsten Punkt. Im Westen stürzt der Vulkankegel fast senkrecht ins Meer. Der ovale Krater hat eine Tiefe bis zu 300 m und sein Umfang beträgt 3 400 m. Auf dem Grund liegen zwei Seen mit kleinen Inseln, die nach der Überlieferung den Azorenarchipel (ohne Flores und Corvo) darstellen sollen.

Weil die landwirtschaftlich nutzbare Fläche sehr beschränkt ist, wichen die Corvianer ebenfalls auf die sanfteren Hänge der Kraterinnenwände und den Kraterboden aus. Dazwischen leuchten gelbliche Moose. Ein Pfad läuft vom Parkplatz zu den beiden **Kraterseen** (2.40 Std.) hinab . Dieser sollte nur bei gutem Wetter begangen werden. Aufgrund des morastigen Bodens ist es gefährlich vom Weg abzukommen und die Orientierung zu verlieren.

Nach einer Besichtigung der Seen gehen wir auf demselben Weg zurück. Nach Vila Nova verlassen wir beim **Stallgebäude** (3.45 Std.) die Straße und steigen über einen Pfad zu einer Sandstraße hinab, die etwa 50 m nach links wieder in die Kraterstraße mündet. Wir wenden uns hier aber nach rechts, durch ein grünes Stahlgatter (bitte wieder verschließen) und queren ein betoniertes Bachbett.

Die Sandstraße verläuft dahinter flach am Hang entlang weiter. Vor uns formen die grünen Berghänge die Erhebung Morro da Fonte. Jahrhundertelang wurde in Krisenzeiten die Verbindung zur benachbarten Insel Flores mit Leuchtfeuern auf einem Berggipfel hergestellt. Ihre Anzahl bedeutete dementsprechend, dass ein Arzt gebraucht wurde, ein Pater für die letzte Ölung, Taufe oder Hochzeit kommen sollte oder das Lebensmittel oder andere Dienstleistungen fehlten.

Bei der nächsten Verzweigung zieht sich die Sandstraße in einer Kehre nach rechts den Hang hoch. Rechts in der Mauer ist ein kleiner Heiligenschrein mit Holzkreuz eingelassen. Links sperrt ein Gatter einen schmalen Betonweg ab. Wir folgen der linken Lavasteinmauer geradeaus über die Wiese bis zu einer

Eine Windmühle von Corvo

Stahltür und steigen dahinter über einen alten, breiten und grasbewachsenen Karrenweg bergab. An einer der Quellen Fonte dos Lagos rechter Hand thront ein herrlich knorriger, alter Wacholderbusch auf der Mauer. Davor beleben weiße und gelbe Blumenbüschel die ansonsten recht karge Landschaft. An vielen Stellen lässt sich noch eine grobe Pflasterung erkennen.

Ein kleines Wegstück wird von einem Bach eingenommen. Am südlichen Ende von Calçadas kommen wir an ein Wegekreuz. Links in der Mauer befindet sich erneut ein Holzkreuz, rechts die Fonte do Rego de Água von 1891 mit zwei Trögen davor. Nur ein kurzes Stück auf dem Feldweg nach rechts und wir stehen wieder auf der Straße zum Caldeirão unweit vom **Miradouro do Fígio Portão** (4.15 Std.).

Dort schneiden wir die erste Serpentine über einen Trampelpfad (nicht den deutlicheren Weg zu einem Wasserreservoir unter dem Aussichtspunkt nehmen) ab. Vor der nächsten Serpentine setzt sich dieser alte Weg namens Caminho velho nach links in Kehren steil fort und leitet uns bei einer Wegverzweigung vor einem alten Dreschplatz (zwei große Betonkreise) rechts herum in die engen, verwinkelten Gassen – die canadas – von **Vila Nova do Corvo** (4.30 Std.).

Geographische Begriffe

Avenida	Allee
Baixo, Baixa	unten, unterer Teil eines Dorfes
Baía	Bucht
Boca	Mund, Öffnung, Pass
Caminho	Weg
Canada	schmaler Weg
Cerrado	mit Hortensienhecken umgrenzte Felder
Cima	oben, oberer Teil eines Dorfes
Estrada	Land-, Straße
Farol	Leuchtturm
Fonte	Quelle, Brunnen
Furna	Höhle
Grota	Schlucht
Gruta	Grotte, Höhle
Ilhéu	Felseninsel
Igreja	Kirche
Lago	See, Teich
Lagoa	Kratersee
Largo	Platz
Lomba	Hügelrücken
Mercado, Minimercado	Lebensmittelladen, kleiner Supermarkt
Miradouro	Aussichtspunkt
Moinho	Windmühle
Morro	Hügel
Pico	Gipfel
Ponta	Landzunge
Porto	Hafen
Praia	Strand
Praça	Platz
Ribeira	Bach
Rocha	Felsen
Rua	Stadt-, Straße
Serra	Gebirgskamm
Vale	Tal
Velho/velha	alt
Vila	Stadt

Register

Abbildungsnachweis

Alle Fotos in diesem Band stammen von der Autorin Tonia Körner.

Impressum

Titelbild: Blick von Ladeiro do Portal auf die Fajãs

Über die Autorin: Tonia Körner, geboren 1968 in Kiel, studierte Volkswirtschaft und arbeitet heute bei den ›Kieler Nachrichten‹ sowie als Reisejournalistin. Seit 1991 führten ausgedehnte Reisen sie in weite Teile der Welt.

Die deutsche Bibliothek – CIP-Einheitsaufnahme

Körner, Tonia
Wandern auf den Azoren / Tonia Körner. – Köln :
    DuMont Reiseverlag 2002
    DuMont aktiv
    ISBN 3-7701-5211-5

Graphisches Konzept: Groschwitz, Hamburg
© 2002 DuMont Reiseverlag, Köln
Alle Rechte vorbehalten
Druck: Rasch, Bramsche
Buchbinderische Verarbeitung: Bramscher Buchbinder Betriebe

ISBN 3-7701-5211-5